細心體貼的人最受歡迎，而且諸事順遂

——3大原則、38個習慣，讓你的人緣、財源與工作運一秒躍升！

松澤萬紀——著
洪于琇——譯

本書以實例描繪出細心的重要性，特別是商場上如何能細膩洞察客戶需要，是一本讀來輕鬆深刻的好書。

——朱楚文（主持人、作家、金蘋果行銷品牌總監）

細心體貼的最終，就是你會明白「服務別人的幸福感」都會回到自己身上。

——吳家德（「迷客夏」副總經理）

別再讓粗心大意壞了你的事，看這本書後更覺得多注意點細節就是用心的表現，實在是一本受用無窮的好書！

——卓苡瑄 Jessie（兩性觀察作家）

與作者松澤萬紀小姐彷彿心有靈犀！她書中闡釋的【38個習慣】，都是我17年來在企業、政府、校園演講的課題，而她提出的【三大原則】更是我所認識的成功人士共同具備的特質。「諸事順遂」不是運氣比旁人好，而是擁有「一秒就細心」的敏銳度！

——邱詩瑜（奥谷特顧問公司執行長、國際禮賓親善協會理事長）

細心看、用心想、專心做，讓你更容易贏得人心！

——柴鼠兄弟（斜槓型Youtuber）

注重細節，不等於細心！看了這本書您就明白了。

——盧世安（人資小週末社群創辦人）

前言

十二年ANA空服員資歷，
從五百萬名乘客身上學到的一秒鐘「細心體貼」習慣是什麼？
解決人際關係、工作、金錢、人生的煩惱。

我曾在ＡＮＡ擔任空中服務人員（以下簡稱空服員）十二年的時間，飛行地球三百七十圈，服務過五百萬名以上的乘客。

此外，辭去空服員成為禮儀講師後，我也從企業家、作家、演藝工作圈、其他航空公司相關工作人員等優秀的人們身上獲益良多。

這些在業界中表現頂尖的人都有個共通點，就是在一瞬間、僅有「一秒」的短暫時間中做出判斷，時時刻刻力行「細心體貼的習慣」。

這是99％的人平常不會做，但只要有意願，誰都能辦到的「1％的習慣」，也是只要「一秒」意識到就能開始的習慣。

之前，我曾問過幾位負責頭等艙的空服員朋友：「怎樣的乘客會讓妳覺得有魅力？」

她們異口同聲地回答了「相同的答案」。

大家的答案是什麼呢？答案是——

「會好好打招呼的乘客。」

以日本的代表性演員高倉健為例，據說，當空服員向他說，「感謝您今天的搭乘」時，高倉健特地起身，禮貌地回答：「我才該說謝謝。」

高倉健為了僅僅「一秒」的問候而從座位上起身，朋友深深為他的誠懇而感動。

我參加ＴＢＳ《花丸市場》現場直播時，有兩位來賓的問候令我留下深刻的印象。

分別是藥丸裕英與伊藤麻子。

我在出場前幾分鐘進入攝影棚，廣告時工作人員說「松澤小姐請進場」之後，我才首度和參與錄影的成員見面。

雖然廣告結束前只有三十秒的時間，但我還是向所有演出人員打招呼：「我是松澤，請大家多多指教。」

當時，大家都面帶笑容回應我：「請多多指教。」但由於時間緊迫，也有人是「一邊確認腳本流程一邊打招呼」。現場直播的節目中這麼做也是很理所當然的事。

然而，藥丸裕英和伊藤麻子卻對我回以令人難忘的漂亮問候。

他們兩人都將身體正面朝向我，看著我的眼睛，極為禮貌地低頭致意說：「也請您多多指教。」這道問候傳達出接納我的訊息，讓我得以安心錄影。

藥丸裕英和伊藤麻子在以秒為單位進行的現場直播節目中，願意將珍貴的「一秒」獻給我，令我高興不已，也讓我徹底成為他們的粉絲。

●「小事更要周到，理所當然的事更要認真以對」

當我還是新進空服員時，ANA的B學姊告訴我「正因為是小事才要用心」的重要性。

經濟艙中，一位空服員大約要負責五十名乘客。由於乘客人數眾多，有時候不由得會考慮效率問題。

在機內遞飲料時，很容易不小心就流於公式化。當時，B學姊這麼說：「請用讓乘客覺得這杯柳橙汁是『特別的』的方式遞飲料。」

也就是說，「每一次遞飲料都要用心」。或許有人會覺得遞飲料有沒有用心，並不會改變柳橙汁的味道，但後來當我用心遞上飲料後，乘客反應「真好喝」的次數神奇地變多了。

ANA有句話是：

「小事更要周到，理所當然的事更要認真以對」。

平常就認真處理不會意識到的「小事」、「理所當然的事」，最後便會形成強大的信任。

反之，在看輕「小事」、「理所當然的事」的一瞬間，可信度就會受損。

●「心意」雖然用眼睛看不見，卻一定會傳達給對方

每當我完成「研習」或「演講」後，巨大的成就感下總是伴隨著龐大的疲勞。在幾十到幾百個人面前全力以赴，有時感覺就像靈魂被抽掉一樣。

有一次，我在參加TBS電台「紫色Radio『柴田主播秀一的一點點』」節

目後，和柴田秀一主播提到：「是不是這份工作不適合我，我才會這麼累呢？」

柴田主播聽完我的煩惱後告訴我：「這是很正常的事。拿我當主播來說，就算只是報十五分鐘的新聞都會累到站不起來。**向他人傳達什麼事時，每一瞬間投入的心意大小是很重要的事。如果不用心，便無法傳達任何事。**」

「妳會精疲力盡是來自用心的結果，與其說不適合，不如說正是因為適合講師的工作才會這樣。」柴田主播用這樣的話推了我一把。

「心意」雖然無法以肉眼觀測，卻會從表情、態度、說話方式、聲音大小表現出來，絕對會傳達給對方。

因此，每一瞬間都要用心。我認為，越是「小事」、「理所當然的事」，更要用心才是「專業」。

●每一百人中有一位乘客會將機上洗手間整理得乾乾淨淨

所謂「對看不見的地方也很細心的人」，也就是會「注意他人不在意的事」。會留意「看不見的地方」、「隱藏的地方」的人，最後能成為吸引人的人吧。

空服員經常要執行「lavatory check（監視、巡查、打掃洗手間）」。在「洗手間有沒有可疑物品？」、「有沒有抽菸的乘客？」、「有沒有乘客不舒服昏倒？」這類保安業務中，也時常需要清理洗手間，提供乘客能舒適使用的空間。

偶爾，會出現「把洗手間用得很髒」的乘客，令人驚嚇不已。這種時候會覺得，能把廁所用得這麼髒的人「大概沒有想到下一位使用者吧」？

另一方面，也有乘客使用洗手間後乾淨得不需要空服員打掃。他們將衛生紙摺成「三角形」，甚至將洗手檯上的水滴或濺出去的水珠都擦拭乾淨。在我的經驗中，連洗手檯都整理乾淨才離開洗手間的乘客，一百人裡會有一位，相當於「1%」。

不僅限於廁所，這類1%的人（一百人當中有一位）一定「也會注意他人不在意的地方」。不只是留意「讓下一個人也能舒服地使用」，甚至是抱著將飛機上的洗手間當成「自己家裡廁所」的心情在使用。

如果留意將飛機上的洗手間當成「自己家裡的廁所」，應該就不會放任它髒亂，而是會想著：「為了下一個使用的家人，要把廁所整理乾淨再出去……」不是嗎？

我在禮儀講師培養學校上課時，老師對我們丟出了下面這個問題：

「你們之中，有誰平常在外面上廁所時會記得『為了讓下一個人能舒適使用，將廁所整理乾淨再出去』？有採取任何行動的人請舉手！」

我當時無法舉手（不僅是我，當時沒有一個人舉手）。我深深反省自己，明明目標是成為禮儀講師，卻只注意「眼睛看得到的部分」。

●本書內容

本書綜合我的經驗，把一秒內成為「細心體貼的人」必要的「38個習慣」分為下列五個項目來說明。

第1章【貼心】「一秒鐘的貼心」改善人際關係
第2章【機會】你也能讓「機會來敲門」
第3章【習慣】養成「一秒的細心習慣」
第4章【言語】帶給人生戲劇性改變的「言語」魔法
第5章【行動】「起而行」會開始改變一切

希望能將我從超過五百萬名的乘客和許多優秀朋友身上學到的事物，簡單明瞭地傳達給各位。

●比金錢、地位、名聲更重要的事

二〇一五年，我前往斐濟共和國留學。放眼世界，斐濟絕對不是物質充裕的國家。然而，這裡的人總是面帶笑容、朝氣蓬勃。分別在二〇一一與二〇一四年「世界幸福度調查」中獲選為第一名（※1）。

難道斐濟人在比經濟發展「更重要的東西」中看到了幸福嗎？

我帶著這樣的想法想詢問當地人的意見，決定和留學地點的同學一起做問卷調查。題目如下：

①What is your happiness?（你的幸福是什麼？）

②What is most important thing to keep good relationship?（想要保持良好的人際關係，最重要的是什麼？）

詢問三十名以上當地人的結果，我們得知一件事——

斐濟人**「最重視人與人之間的關係」**。

他們感受到幸福的瞬間，有「九成」是處於「和他人共度的時間」。

斐濟人認為，「不分年齡、性別、國籍，能友善和所有人相處」就是最幸福的一件事。

「重視相遇的緣分，將遇見的每個人當成家人一樣相處。」

斐濟人打從心底深信「愛是最能讓人幸福的事物」。

我想，斐濟人能夠成為世界上「最幸福的人」，或許是因為他們「重視『人』勝過金錢、地位、名聲」吧？

哈佛大學以「什麼能讓人生幸福？」為主題展開史上最長時間的研究，七十五年裡追蹤七百二十四名男性的結果是……

「唯有良好的人際關係」能讓人生幸福。

〔資料來源為哈佛大學醫學院臨床教授羅伯．威丁格（Robert Waldinger，始於一九三八年的「哈佛成人發展研究」第四任負責人）的報告。（※2）〕

●幸福只會降臨在「主動的人」身上

在斐濟，即使是陌生人也會彼此交談，並且馬上像家人般打成一片。走在路上，路上行人會面帶笑容地對你說：「Bula!」（你好）。搭公車時，鄰座的人會親切地與你攀談。

雖然斐濟的日常生活悠哉、閒適，步調緩慢，但建構人際關係只要一瞬間。

為什麼斐濟人可以輕輕鬆鬆地和初次見面的人變成朋友呢？我們可以從第二個問卷問題（想要保持良好的人際關係，最重要的是什麼？）的答案中一窺其中的祕訣。建構人際關係時，斐濟人大多這麼回答：

✔「主動開口」
✔「主動幫忙」
✔「主動給予」

✔「主動關心」

斐濟人不會被動等待「對方為我做什麼」，而是透過自己率先行動來保持良好的人際關係。

我和同學一起在斐濟的「NAMOTOMOTO 村」受命擔任日文教學志工時，參加了一場包含村長在內，大約聚集三十人的會議。

村長對不懂斐濟話、無所適從站著的我用英文說道：

「會議開始前，請萬紀直接先對我們每一個人打招呼。」

在人際關係開始前，先「face to face」面對面。不是等待對方的問候，而是主動打招呼。

我身為禮儀講師理應明白這個道理，卻在初次拜訪斐濟、村長對我這麼說之前，沒有將道理化為行動。我對這樣的自己感到羞愧。

●建構人際關係的第一步永遠在「自己」

斐濟人告訴我：

幸福有九成在人際關係中，想保持良好的人際關係，不是等待「別人幫你做什麼」，而是「主動示意」。

我反省自己過去是不是「一直癡癡等待別人為我做什麼的人」？因為我的內心某處一直期待著「從天而降的禮物」。

「天上的禮物」少之又少，真正的幸福不會降臨在只是等待的人身上。

最重要的是：

「率先行動」。

「主動接納對方」。

不是等待天上掉禮物下來，而是自己創造禮物。

如果希望對方跟你打招呼，那就自己主動打招呼。
如果希望對方關心自己，就自己主動付出關心。
想要交朋友或是男女朋友，就主動搭話。

「第一步永遠在自己」是最理想的。

就像斐濟人一樣，人生的幸福除了「充實的人際關係」別無他物。為此，**我們就從短短的「一秒」內，注意99％的人不會做的「1％」的習慣開始吧！**

藉由成為人人稱讚的「細心體貼的人」，將會大大改變你的人生。

我相信，從那「一秒」開始的許多奇蹟，將會令你的人生閃閃發光。

服務業禮儀講師　松澤萬紀

目次

第2章 機會

你也能讓「機會來敲門」

第3章 習慣

養成「一秒的細心習慣」

第4章 言語

帶給人生戲劇性變化的「言語」魔法

第5章 行動

「起而行」會開始改變一切

第1章

貼心

「一秒鐘的貼心」能改善人際關係

001 「鞋子的乾淨程度」顯示一個人的內在

空服員時期，一位A學姊跟我說：「松澤，我想介紹一位男生給妳認識，要不要一起吃個飯呢？」

當天，A學姊和我、我的朋友涼美，以及那位男士四人一起用餐。

用餐完畢，剩我和涼美兩人獨處的時候，她對我說：「那個男生雖然個性不差，卻是工作做不好的類型，不要進一步發展比較好喔。」

我問涼美：「我們今天第一次見面，妳怎麼知道他工作做不好呢？」

涼美這麼回答：

「因為那個男生『鞋子很髒』。」

涼美的論點是「鞋子擦乾淨的人＝有工作能力的人」。

「連視線最下方的『鞋子』都照顧到的人，不僅能注意小細節，工作也會很周到。但那個男生的鞋子很髒，鞋跟也都磨損了，給人粗枝大葉的印象。」

涼美的話令我想起一件事：

「空服員時期一起工作的機師中，沒有一個人的鞋子是髒的。」

正因為他們連腳尖、鞋尖都注意到，才不會忽略細微的變化，能守護空中的安全吧。據空服員朋友說，頭等艙乘客的鞋子也幾乎百分之百都擦得閃閃發亮。

●「擦鞋＝擦拭自我」

從心理學上來說，涼美的論點也有道理。

堪薩斯大學（University of Kansas）的心理學家進行了一項實驗，將二百零八個人經常穿的鞋子照片給六十三名學生看，請他們推測「鞋子的主人是怎樣的人？」據說推測的正確率相當高。

從這項實驗可以得知，「鞋子主人的個性」和鞋子之間有一定的關聯。像是「鞋子整理得非常乾淨的人很誠懇」、「鞋子鮮豔的主人擅長交際」、「鞋子昂貴的主人年收很高」等。

相關實驗的心理學家做出結論：「鞋子雖然是服裝中的一小部分，卻能提供極有用的資訊。先不論鞋子的主人是否有意識到，但鞋子的確可以清楚呈現主人的個性。」（※3）

此外，根據一項從職業別看哪些人「平常會擦鞋」的調查結果顯示，「回答『會擦鞋』的人中，公司董事幹部和企業家占最多（58．4%）」（PLANET股份有限公司調查）。

涼美「鞋子擦乾淨的人＝有工作能力的人」的論點沒有錯。

鞋子正是能窺見一個人內在的地方。**正因為是最不顯眼的地方，仔細觀察一個人的鞋子，便能清楚知道那個人的內在（真心）。**

日本人用「足元を見る（看腳邊）」這句話形容「趁虛而入」。這句話的由來是「過去轎夫會看旅人的腳（草鞋的磨損狀況），掌握他們疲憊的程度，抓住疲倦乘客的弱點，要求高額扛轎費」。從古時候起，腳邊（鞋子）就顯示出「主人自己」了呢。

「擦鞋＝擦拭自我」。

為了讓自己的人生以及職涯發亮，請務必養成照顧鞋子的習慣。

如此，你一定可以體驗到「人生的變化從鞋子開始」。

002 一流的人的共通點是絕對不說「壞話」

「東京SUBARU公司」邀請我在十五週年紀念典禮上演講時，我深深感受到「老闆與員工間能夠相親相愛真的好厲害」！

我和SUBARU公司的下川良一社長互通過好幾次電子郵件，下川良一社長信裡的文字總是充滿「重視員工的心意」。

之所以會這樣說，是因為下川社長每封信都會加上一句像是「因為員工做得很棒，幫了我很大的忙」這樣慰勉員工的話。

另一方面，每位SUBARU公司的員工在我眼中，簡直就像下川社長的「啦啦隊」。要準備規模一千人的紀念典禮並不是件簡單的工作，**當我問他們：「不會累嗎？」的時候，所有員工都異口同聲、開朗地回答我：「因為我們想讓下川社**

長高興！」

老闆信任員工，員工信任老闆。我認為老闆與員工的一體感正是東京SUBARU的魅力。

下川社長能夠得到員工支持的其中一個理由，或許是因為他時時謹記「和顏愛語」的關係。

所謂「和顏」，指的是和藹、溫柔的臉色。

「愛語」，則是以體貼的說話方式待人。

江戶時期的名僧良寬和尚便是身體力行「和顏愛語」，秉持「希望自己口中說出的話能成為禮物，鼓勵人心、賦予人勇氣、溫暖他人。」下川社長也同樣在自己的話語中融入「為員工著想的溫暖心意」，因此才能擄獲員工的心。

●大腦會把「對他人的壞話」當作「對自己的壞話」

古人說：「言，身之文也。」

這句話的意思是：「人們口中所說、筆下所寫的文字，表現其品行、個性與心中樣貌。」而我則將這句話解釋為：

「人們的品行會因使用的文字打磨發光，反之，亦有可能沉淪。」

在腦科學的領域中，有一派說法是「大腦無法理解主詞」。**據說，人類的「大腦結構」會將所有本人說出口的話都當成是在講「自己」，因此即使是「說別人壞話」大腦也會認為是在「說自己壞話」**。

也就是說，說越多別人的壞話，越會陷入自我厭惡的情緒。大腦將口出惡言、批評「〇〇〇很糟。」、「〇〇〇很惡劣！」與「批評自己」視為同一件事。

相反的，若是跟下川社長和良寬和尚一樣銘記「和顏愛語」的話，大腦會覺得「自己受到溫柔對待」，產生開朗愉快、積極向上的心情。一流的人的「共通點」是，絕對不說別人的「壞話」。

壞話或負面言辭也會對自己的大腦傳遞負面訊息。

雖然遇到痛苦時，我也會不自覺地想脫口抱怨（笑），但希望可以自我警惕，時時回顧自己說出口的話是否包含「溫柔體貼」的心。

發生討厭的事、想抱怨的時候更要特別試著說「愛語」，以溫暖的言詞對話。

如此一來，不只能將體貼的心意傳達給對方，還能磨練自己的品性，產生積極向上的心情，不是嗎？

只要改變話語，一定也能從中開始改變人際關係。

003
「三角感謝」能夠傳達真心的感謝

一位我當空服員時的學妹小A很高興地說：「我每次生日，住在一起的奶奶都會寫信給我。」

據說，奶奶的信上除了給小A的祝福外，一定還會加上對小A母親（自己的媳婦）的感謝。

「小A，生日快樂！託妳媽媽的福，我才能長命百歲。」

小A只要對母親說：「奶奶這麼謝謝妳喔！」母親便會眉開眼笑，十分欣悅。小A說：「我最喜歡看到媽媽那種表情了。」

奶奶平常就會對小A的媽媽表達感謝之情，不過，對小A的媽媽而言，「間接透過女兒傳達的感謝」大概比平常的感謝更令她開心吧。**因為，「口耳相傳的感謝」比直接收到的感謝更有真實感，會讓人產生「對方是真心感謝我吧」的心情。**

我將透過第三者「口耳相傳的感謝」稱作「三角感謝」。

為什麼近來「美食部落格」等許多「評論」網站會累積許多參訪人數呢？

因為，對使用者而言，由其他使用者或朋友發表的「間接情報」比企業和商家發表的「直接情報」更具可信度。

心理學稱這種效果為「溫莎效應」。

推理小說《伯爵夫人是間諜》（The Spy Went Dancing, Aline, Countess of Romanones）中登場的「溫莎伯爵夫人」說過：「別忘了，有天一定會派上用場，第三者的讚美無論何時都是最有效的！」據說，這便是「溫莎效應」一詞的由來。

「感謝」的心情也與「溫莎效應」相同，透過第三者傳達的感謝比直接聽對方說更真實，效果高達好幾倍以上。

「溫莎效應」不只適用於讚美或是感謝等正面情感，「壞話」和謠言等「負面情感」也有相同作用。

無心的壞話變成「三角壞話」傳到當事者耳中時，也會不小心深深刺傷對方的心。因為當事者會認為那個內容才是「對方的真心話」。

禍從口出。切記，選擇言詞時要以「自己說的壞話一定會流入當事人耳裡」為前提。

●「三角感謝」會同時提升感謝者與獲得感謝者的評價

三角感謝除了「加倍提升感謝」外還有其他效果。不論「感謝者」還是「獲得感謝者」都能因三角感謝提升評價。

假設A對B說：

「C的工作做得真的很好，我很感謝他。」傳達了對C的感謝。

此時，B會覺得「C的工作能力好到能令A感激啊。」而給予C高度評價。

B同時也會這樣想：

「C不在場時，A不會說C的缺點而是表達感謝，是個值得信任的人。」

也就是說，三角感謝使「感謝者」A和「獲得感謝者」C雙方的評價都得以提升。

想要向對方表達「由衷的感謝」時，請像小A的奶奶一樣，除了直接向本人表達「直接感謝」外，再添加「三角感謝」，向周遭的人傳達「我很感謝那個人」吧。

如此一來，感謝的心情就能放大好幾倍，感動對方。

004 人生是「讓人喜悅的遊戲」。「讓別人高興」最開心

二〇一五年，我在「斐濟共和國」留學了一個月左右的時間，研習語言學之外同時擔任志工。

會以斐濟為出國目的地的理由如前所述，是因為斐濟分別於二〇一一和二〇一四年，於「世界幸福度調查」中兩次獲得第一名的緣故（※1）。

放眼世界，斐濟絕對不是富裕的國家，但為什麼斐濟人會覺得「幸福」呢？我因為想知道「幸福的理由」而前往斐濟。因為那是我從小便經常思考的「問題」。

剛開始在寄宿家庭生活不久，我立刻就注意到一件事，那就是這個國家缺乏

「私有」的意識。斐濟有一種「kerekere」文化。**「kerekere」指的是「大家互相幫助、共同享有一件東西」這種相互扶持的習慣。斐濟人有很強烈的「分享」概念，他們認為：**

「自己的東西是大家的，大家的東西是自己的。」

「幸福和喜悅不是自己一個人的東西，而是大家一起分享。」

斐濟人不會獨享。在這裡，將自己的東西分享給家人或朋友以外的人是理所當然的事。此外，就算是別人的東西，也會擅自使用。金錢、土地、飲食，共享一切事物，「分享喜悅」就是kerekere。我在斐濟也體驗到了「kerekere」。我放在冰箱裡冷藏的果汁不知不覺間被喝了，浴室裡的肥皂也越來越小塊（笑）。老實說，一開始這個「kerekere」文化讓我很困擾。

斐濟有一種「大家都是一家人」的觀念。

寄宿家庭的人喝我的飲料、用我的肥皂，都是因為把我當成他們的「家人」。深刻感受到這點時，我開始覺得「kerekere」也不壞。

●「讓別人高興」最開心

已故的柳瀨嵩以《麵包超人》創作之父的身分廣為人知。他的著作《柳瀨嵩，開創明天的話語》（引用自PHP研究所）中提到：「人生轉瞬即逝，要盡可能開心過活。那麼，什麼事最讓人開心？什麼事最令人高興呢？答案就是『讓人喜悅的遊戲』。」

母親為了看到家人喜悅的表情而做菜，父親為了支持家人的喜悅而工作。擅長唸書的人唸書；會唱歌的人唱歌；柳瀨嵩用「畫」；麵包超人則以「剝自己的臉給別人吃」讓人喜悅。

或許，《麵包超人》這部作品展現的，就是柳瀨嵩「讓別人高興最開心」的人生哲學吧。

前陣子我和「太陽劇團」（加拿大馬戲團）的表演家高橋典子談過話。她則是以「舞棒」讓人高興。

高橋典子是在世界大賽中得過七次優勝的傲人舞棒選手。麵包超人剝「自己的臉」分給別人，高橋典子則是曾將「金牌」分成兩半，與第二名的選手分享。

某次大賽中，高橋典子遺憾地以銀牌（第二名）落幕。然而，大會發現計分錯誤，第一名和第二名換了過來。高橋典子逆轉獲得優勝。

雖然不是不開心，**但高橋典子注意到淪為第二名的選手的心情，提議「將自己的金牌分成兩半」**。

將金牌與銀牌分成兩半，分別連在一起，各拿「二分之一的獎牌」，就沒有第一名與第二名的差別了。高橋典子沒有獨占喜悅，而是選擇「共享喜悅」。

●為其他人多帶點什麼

某位一流職業高爾夫球選手的千金，中野瑪莉（化名），也是位「能夠讓別人高興，溫暖人心的女性」。

瑪莉小姐和「媽媽朋友」一起參加了我擔任講師的「永生花教室」。雖然瑪莉小姐的孩子是託人照顧，但其他媽媽朋友都帶孩子來教室。

課程中，孩子開始哭鬧。我才心想：「他們大概是覺得無聊吧。」瑪莉小姐就從包包裡拿出許多「玩具」。孩子們開始高興地玩起玩具。

瑪莉小姐將孩子託人照顧，因此不需要帶玩具來教室。我問她：「是剛好帶玩具在身上嗎？」她說：**「我知道會有很小的孩子在，想著或許可以幫上什麼忙就帶來了。」**

如果小孩都很乖的話，「玩具」或許就沒有出場的機會。儘管如此卻準備玩具的瑪莉小姐擁有「為了讓眼前的人高興，自己能做些什麼？」的想像力。我認為，正是因為這樣，瑪莉小姐才能參與「讓人喜悅的遊戲」。

自從那天起，我也仿效瑪莉小姐，開始留心「為其他人（多）帶點什麼」。

例如，（多）帶一點喉糖和口罩在身上，就能滋潤感冒的人的喉嚨。帶兩條手帕的話，鄰座的人打翻飲料潑到膝蓋上時，就能遞手帕給對方。

就算沒有柳瀨嵩與高橋典子的才華，只要想像「怎麼做才能讓眼前的人高興？」多帶一些喉糖、口罩、手帕，誰都可以「成功讓別人感到喜悅」。

005 「讓愛傳出去」將收到的恩惠送給下一個人

聽說，佛羅里達州有間星巴克曾出現過一種風潮，「請自己之後的下一位客人喝咖啡」，兩天內累積了七百五十個人請別人喝咖啡（※4）。

這種行為叫做「pay it forward（或是pay forward）」，興起一時話題。

「pay it forward」直譯的話是「往前送」，意思是「將自己從某人身上獲得的好意贈送給別人」。

或許有很多人是從電影《讓愛傳出去（英文原名：Pay it forward）》知道這個詞。電影的主角崔弗是名國中生，他的老師出了一項功課：「想親手改變世界的話，你該做什麼？」

崔弗想到：**「要將自己接收到的善意與心意傳達給其他三個人，而不是回報**

給原來的對象。」起初，這個計畫並沒有出現成果，但最後，這份善意開始拓展成連鎖效應……

日本也有類似「pay it forward」的詞彙，叫「送恩」。

「送恩」是指將自己收到的恩惠「送給」其他第三者，而不是向原來的人「報恩」。

生前以小說家／劇作家身分活躍的井上廈在讀中學時，原本打算在岩手縣一關市的某間書店偷英日辭典，卻遭顧店的老奶奶發現。老奶奶命令井上廈砍柴作為懲罰。砍完柴後，老奶奶將英日辭典交給井上廈後這麼說：

「砍柴的工錢是七百圓。（中略）有七百圓的話，你就能買你想要的英日辭典了，拿去吧。相對的，我就從工錢裡先扣五百圓了。」〔引用、參考自《呵呵呵》（井上廈／講談社文庫）〕

井上廈說，老奶奶教了自己何謂「正正當當生活的意義」，「這份恩情怎麼還都償還不完」（※5）。

之後，成為作家的井上廈在一關市開了好幾天的志工作文教室，他稱之為「送恩」。

●無法直接報恩的話，傳給「下一個人」就好

我的一位朋友Y小姐在父親過世後發生了一件事。

Y的母親對Y說：「財產就交給妳了。」將全部的財產（銀行存摺、印鑑等）交給她。Y卻粗心地把全部財產落在某個地方了。

隔天，警察收到通報，存摺和印鑑都平安歸來。Y想道謝，請教警方歸還遺失物者的聯絡方式，警察卻沒有告訴她。Y進一步詢問警方不告知的理由後，得知「這是歸還遺失物者的意思」。據說，撿到東西的人對警察說：「請不要告訴失主我的姓名和住址，因為這樣會讓對方費心。我不是想要回禮才把東西拿過來的。」

Y再次向警察拜託：「不能這樣，對方幫我送回重要的東西，我想道謝。」

警察對她這麼說：

「下次換妳把自己收到的溫柔還給其他人也不錯啊？」

那位撿到失物的人不求報酬、也不賣人情的善意，與警察教導自己「送恩」重要性的一席話，讓Y覺得「內心似乎受到救贖了」。

如果能像《鶴的報恩》、《浦島太郎》裡的鶴和烏龜一樣，直接對「善待自己的對象」報恩的話當然很好，但有時會因為各種原因，無論如何也無法報恩。儘管如此，也不要停下那份「恩惠」，而是將其傳給下一個人。

人的溫柔會產生連鎖效應。好意一定會連結到某個人身上。

在似乎可以幫助誰的時候，稍微對他人送上自己的心意，而對方也「將恩惠傳給下一個人」。像這樣，「讓愛傳出去」的輪迴，會讓許許多多人越來越幸福。

006 名校長傳授的「三大法寶」，讓孩子精神百倍

一小句自然的「搭話」，可以振奮、鼓勵、溫暖對方的心靈。

空服員要留意與機內乘客的「spot conversation」。所謂的 spot conversation，指的是「簡短的對話」。

如果有乘客看起來很無聊的話，就簡單地和對方說：「這裡可以看到富士山喔。」、「您的筆真漂亮。」、「需要喝杯咖啡嗎？」如此一來，這一小段對話便能拉近和乘客內心的距離。

我國中母校的西谷老師（現任職校長），秉持著貼近每位學生的教育方針，實踐「三大法寶」。

「1：注目、2：注意、3：出聲」。

「注目」指的是「看」小孩。

然而，只是移動眼睛，無法注意到內心的細微之處。重要的是一邊用心「注意」一邊「注目」。

西谷老師說：「如此守護身邊的孩子，在需要幫助的場合中想出手與發生什麼事的時候，就能自然地『出聲』。」

佛教有一教誨為「無財七施」。

意思是「即使沒有財產也能給予周遭喜悅的七種方法」，其中提到「眼施」、「心施」、「言辭施」三種布施。所謂布施，指的是行善不求回報。

「眼施」是以溫柔的眼光待人。

「心施」是留心自己之外的人。喜他人所喜，苦他人所苦。

「言辭施」是對人說柔和的言語，傳達問候與感謝。

我將「三大法寶」解釋為西谷老師對孩子們的「布施」。我們是不是也務必要實踐看看「三大法寶」呢？

●從「僅僅一秒」的搭話開始改變人際關係

二〇一四年，我在「東京SUBARU公司」全體約一千名員工的面前演講。自從下川良一社長上任後，東京SUBARU的業績便不斷成長，公司順利發展的背後，是「社長的搭話」。

據說，下川社長不論對櫃檯、業務還是技師，都用「一視同仁的說話方式」搭話。

我向一位員工詢問後，對方這麼回答：「因為社長特地過來跟大家說話，員工也會高興，自然而然就有幹勁。」

人類只要「確實感受到能從誰身上獲得關心」，就會想「加油」。因為有「加油」的心情，才能成長。

「社長的搭話」即使只是一句話，也是讓員工產生幹勁的最佳方法。看似簡單，卻很難持之以恆。

我們不論是誰，都有「認同的需求」，「希望別人能了解自己」、「希望別人能注意到自己的存在」。

如果沒有人關心自己，就會感到孤獨不安、徬徨無措。所以，時時出聲，將「我有在注意你喔」的心情表達出來是很重要的一件事。

主動出聲搭話有時需要勇氣。要不要鼓起一些勇氣，養成習慣出聲說：「早安。」、「辛苦了。」、「今天好熱對吧？」、「你好努力喔。」、「一直以來真的很謝謝你。」呢？因為，即使「只是一秒」的搭話，也能溫暖人心，從中開始改變人際關係。

007 只要記住「三同」，就能漸漸增加「同伴」

溝通時最重要的，就是成為對方的「同伴」，也就是讓對方感受到：

「這個人懂我，這個人值得我信賴。」

那麼，要怎麼做才能成為別人的「同伴」呢？

前文提到的西谷老師，為了成為小孩們的同伴，身體力行以「三同」（三種同理心）為基礎的溝通。

①「同感」：同理小孩的心情。

②「同汗」：和小孩一起流汗、努力。

③「同歡」：和小孩一起高興、開心。

對他人的「同理心」可以強化人與人之間的連結。

所謂對他人的「同理心（同感／同汗／同歡）」換句話說，就是「站在對方的立場」。

因此，與人相處時留意「三同」，便能了解對方的心情，成為對方的「同伴」。

●只是分享相同的情感，就能一瞬間成為「同伴」

【同感】

有時，只是些微的「反感」和「反對」就會引發抱怨。

某間航空公司的空服員曾在 spot conversation 時惹乘客生氣。

乘客在高空中看見「富士山」時對空服員說：「能看到這麼漂亮的富士山很難得吧？」

這名空服員回答：

「不，這種程度，基本上隨時都看得到。」否定了乘客。

回答的空服員應該沒有惡意，卻令乘客很沒面子（據說，該名乘客事後向航空公司提出客訴）。

所謂的「同感」，就是貼近他人的意見和情感回應：「你說的沒錯。」

案例中的乘客會跟空服員說話，是想和空服員一起分享富士山之美。只要理解這點，即使「平常富士山看起來就很漂亮」，空服員應該也能顯現同理心回答：「今天真的很漂亮呢。」

【同汗】

同汗指的是一起流汗、幫忙。

曾經有間貿易公司邀請我擔任商業禮儀研習的講師。研習前，除了人資主管外，還有A和B兩位部屬和我一起進行事前會議。兩人有著明顯的對比。

會議結束後，A說著：「那我先離開了。」迅速離開會議室。

另一方面，B則是在A離開後仍然留在原地對我說：「有沒有我能幫忙的地方？」

事後，人資主管告訴我：

「能否說出『有沒有我能幫忙的地方？』就是這兩個人之間巨大的差別。希望您的講座能讓像A這樣不懂體貼的員工，成為能夠說出：『有沒有我能幫忙的地方？』的人。」

我認為，一句「有沒有我能幫忙的地方？」就是「連結人與人之間的話語」。

因為即使實際上沒有幫得上忙的地方，這句話卻有一股力量，可以從中窺見一種「我和你一起努力」、「我在你身邊」的「信任」。因為，有時候人們需要「願意幫助自己的人」的存在。

【同歡】

當我覺得「開心」，對方也願意像自己的事一樣「一起高興」時，就會更加開心。

喜悅只要與人分享，似乎就會變成雙倍。因此，如果對方高興的話，請陪他一起高興吧。

二〇〇九年時，報紙曾經報導過我的工作。

我非常開心，在 kiosk（便利商店）一次買「五份」報紙時，女店員親切地對我說：「哇，妳買好多喔！」

「這上面有刊登我的報導喔！」我指著新聞說。

店員聽到後笑容滿面，替我高興地說：

「這樣啊！好厲害喔！那阿姨我也要買！」

直到現在，這段九年前的小對話仍令我記憶猶新，一切都是因為「kiosk 的店員」與我「同歡」喜悅，讓我的快樂變成兩倍、三倍的緣故。

德國哲學家尼采曾說：「共享喜悅令你交到朋友，而不是分擔痛苦。」我覺得非常正確。

「三同」絕對不難。

「我也這麼認為！」表現「同感」。

「有沒有需要幫忙的地方？」表現「同汗」。

如果有人高興，就用「我也好開心」表現「同歡」。

就算不做什麼特別的事，只要帶著體貼的心「分享相同的情感」，就能令對方覺得「這個人懂我！」，讓許多人成為自己的「同伴」。

也請你多多成為某個人的「同伴」吧。

008 靠仔細看學會「觀察力」

十二年空服員生涯中讓我印象深刻的是，每次飛行結束後「眼睛都累得不得了」。**眼睛疲勞的原因是因為空服員在飛行中必須「凝神仔細觀察乘客」**。

很多時候，一名空服員必須服務五十名以上的乘客。為了不錯過五十名以上乘客的小徵兆而想「仔細看」的話，眼睛無論如何都會疲倦。

還是新人的時候，學姊曾經對我說：「松澤，23C的客人手好像受傷了，妳服務的時候要注意喔。遞咖啡時，如果對方需要砂糖和牛奶的話，由妳幫忙加進去。」

明明是我負責的乘客，我卻完全沒看到。我記住那次教訓，從那天起比過去更加「仔細看」乘客。

不論是引導入座時還是飛行中，空服員都被教導要「仔細看」乘客。雖說是「看」，但並非只是「看」表面而已。當時的ANA用「三種看法」看乘客——「看」、「觀」、「顧」。

✔看／仔細環看整體狀況。俯瞰力。
✔觀／細心觀察每一位乘客。觀察力。
✔顧／留意、照顧乘客。照顧力。

拿毛毯給看起來很冷的人；遞喉糖給戴口罩的人；如果有乘客在黑暗中看書的話，告訴對方讀書燈的位置。

正因為毫無遺漏地「看」乘客的表情舉止，仔細「觀察」乘客的心情，率先行動（「照顧」），才能產生微小的感動。

這是我在W飯店check in時發生的事——

當天，有點感冒的我請櫃檯借我加濕器。飯店櫃檯小姐對我說：「您感冒了嗎？」

「對。」

聽見我的回答後，對方關心地說：

「您吃藥了嗎？」、「等一下我們也把毯子送過去。」

在出差地健康狀況出了問題，令我十分不安。那位櫃檯小姐仔細「看」並且悉心「照顧」，體貼我的感受。對我而言，櫃檯小姐的貼心成為最佳良藥。

●仔細「環顧」是觀察力的第一步

我家附近開了間小自助餐廳。前幾天我去這間店打算買「櫻花糕（鹹點）」時，老闆笑著對我說：

「我想妳喜歡櫻花糕，總覺得今天會看到妳，就先預留一塊烤好的下來了。」

老闆用三種觀察法：「看」、「我喜歡的是什麼？」、「上次來是什麼時候？」記住我之前「買了兩次櫻花糕」。

老闆的心意令我十分高興，這件事讓我成了店裡的常客。

只要對對方保持興趣，「觀察」對方在想什麼？期待什麼？就能為眼前的人送上小小的驚喜。

那麼，該如何學會「觀察力」呢？

習得觀察力的第一步是「看」（仔細環看整體）。

只要學會環看力，就不會受限於當下或「部分」事件，得以開拓視野，思考「什麼是現在最重要的事」。

若不能仔細環看四周，便無法觀察顧客的內心。仔細「看」，不只包含眼前，還要將目光分配到兩旁、身後，三百六十度。

不論是「觀」（觀察力）還是「顧」（照顧力），首先都要從「仔細看四周」開始。要不要先從「仔細看四周」開始試試呢？

009 有討厭的人是因為「溝通總量」不足

據說，日本都道府縣勞動局收到關於「權力騷擾（職場權力騷擾）」的諮詢案件數量逐年攀升。

二〇〇四年有一萬四千六百六十五件，二〇一四年增加為六萬二千一百九十一件。十年間實際增加了四萬七千五百二十六件。此外，厚生勞動部的報告結論指出：「權力騷擾職場」的特徵中，「『主管與屬下很少溝通的職場』以51．1％的比例占最多數」。（※6）

此外，美國某大學根據研究結果發表：

「溝通次數越多，人們會越信任對方。」

即使對方是「自己不擅長相處的人」，只要努力增加溝通次數，就會降低覺得對方難以相處的心情。不論是權力騷擾的調查或是美國大學的研究結果，都闡明了職場中大部分的人際關係問題，起因皆是「溝通總量不足」。

那麼，怎麼做才能增加溝通總量呢？大型廣告公司I副局長教大家：

「分別用『兩張臉』和屬下溝通」。

兩張臉指的是——

「公事上的臉」。

「私底下的臉」。

帶著「公事上的臉」展開「主管和屬下的談話」便能執行業務（工作）。然而，光是這樣並不能增加溝通總量，也無法拓展對話的寬度，對話會流於公式化，無法拉近心與心的距離。

I副局長之所以受到許多員工敬愛、信任是因為他在「工作外」的場合也會和大家閒聊，增加接觸員工的次數。

閒聊時，I副局長會封印「公事上的臉」，以「私底下的臉」面對大家。當I副局長主動透露工作外的話題，像是自己的興趣和家庭狀況時，屬下會口耳相傳「I也有人性化的一面」，對他產生親切感。

●會談時花三分之二的時間「閒聊」可以提升簽約率

我在某間大學的商學院學「交涉學」時，老師曾教大家關於「閒聊的效果」。

舉例來說，業務一坐上交易的位子就劈頭說明商品並不是好方法。因為人們對不信任的人多少會有戒心。因此，為了消除這份戒心，商業會談如果有「一小時」，一開始的四十分鐘要用來閒聊」。

顧客在思考「這是怎麼樣的商品？」時，會考慮「眼前的這個人是好人嗎？可以信任嗎？」因此，販賣商品前要先從閒聊帶入，拉近對方「內心的距離」

後，再用「公事上的臉」切入正題才更容易簽約。

我擔任空服員時，有位同期的女性跟誰都能溝通融洽。她一直注意著不要從對方身邊「逃走」。一般而言，我們都會避開自己討厭的人、不擅長相處的人。然而，她說自己不會拉開距離，而是「主動積極向對方搭話，增加談話次數」。

如果各位有「不擅長相處的人」或「討厭的人」，或許不是因為個性不合，而是因為「溝通總量不足」。

積極主動搭話，增加溝通總量（次數），如此一來，或許便能消除感受上的落差，「討厭的人也會消失」。

010 「貫徹基本」是獲得成果的最佳方法

先前，一位教育學者提出：「那些無法獲得成果的人，有九成都疏於基本功。沒打好基礎，就學不到解決難題的實力。」空服員的工作可說也是如此。最重要的是「反覆練習基礎」。

對空服員而言，基本中的基本就是「操作開關機艙門」。

新人訓練時期，我們花許多時間在「艙門操作訓練」上，以避免負責艙門開關（改變艙門模式）的空服員操作錯誤。艙門操作根據不同機種都有「實作測驗」，根據規定，測驗不合格就不能登機工作。

即使只是夾了一條布，艙門都有可能因為 air leak（漏氣）減壓，威脅飛行安全。

我們反覆一次又一次地訓練艙門細節實測：艙門旁有沒有夾到東西？門把是不是在「CLOSE」的位置上？指示燈有沒有顯示「LOCKED」等。「用身體經驗學習」而不是用腦袋記憶。

空服員工作期間，我曾經利用「公司內部留學制度」前往澳洲留學。留學結束復職時，規定必須再接受一次「艙門操作訓練」，也就是重做一次基本功。確認所有的艙門操作花了好幾個小時。

若是習於日常業務而疏於基本功的話，有可能引發攸關人命的重大失誤。**正是因為貫徹「基本」到多餘的程度，才能守護空中的安全。「重視基本」對其他工作而言也同樣重要吧？**

●越能展現「成果」的人越重視「基本」

前文提到的舞棒選手高橋典子從六歲開始學習舞棒。

儘管如此，她並非早熟型的天才，直到十八歲之後才在日本舞棒選手權大賽上獲得優勝。

高橋典子在高中畢業後的隔天做了一項重大決策。決定從幼稚園時期起學習十幾年的教室轉到其他教室。

高橋典子說，在「高山藍子舞棒學院（高山藍子是日本第一位舞棒選手）」遇見新老師古谷野千代子教練，「改變了我對舞棒的觀念也改變了我的命運」。

古谷野千代子教練教高橋典子的是「回歸基本的重要性」。

據說，古谷野千代子教練重視「高完成度的表演」勝過「高難度的表演」，她說：「如果因為困難的技巧讓舞棒看起來雜亂的話，即使降低難度也要讓舞棒過程俐落流暢。」她改編了高橋典子的表演內容。也就是說，透過重新建構基礎，高橋典子的才華才開花結果。

此外，我的朋友——活躍於世界舞台的歌劇演員福田祥子，也從事聲樂講師的工作。她直截了當地說：「歌劇有九成是在做聲音訓練。」

她說，越是在大賽或是舞台中展露成果的人，大部分的練習時間都用在「基礎發聲練習」。

我認為，「基本＝支撐自己的軸心」。

不論是人際關係、工作、還是唸書，展現成果的人重視「基本」與「基礎」勝過一切。

我雖然離開了ＡＮＡ，但不管過了幾年，至今仍沒有忘記重複無數次的飛機艙門操作。滲入身體的基本功成為支撐自己的「中樞」，也正是不斷累積這些基礎，才會成為讓自己擁有自信的巨大要素，不是嗎？

受歡迎的人也是如此。首先，最重要的就是用身體記住打招呼、笑容、服裝儀容等溝通的「基本」，貫徹到底。

011 用「HOW（怎麼做）」思考，一定能幫助對方

擔仕空服員時，一位我很尊敬的學姊告訴我：「如果想讓乘客開心，請時時思考『HOW（怎麼做）』。」

學姊說她「每次飛行都會留心，自己的服務要能讓乘客下飛機時，下意識地想對空服員說『謝謝』」。

應對接待沒有單一的正確解答。最好的選擇會根據當時的人物、時間、地點而改變。

因此，發揮感受力、創意和想像力思考：

「怎麼做才能讓眼前的人高興？」變得很重要。

如果認為「只要做交代和規定的事就好」，就會停止思考，無法體貼顧客

的心情。想提供令顧客印象深刻的服務，重要的是比規定流程多想像一步，「用HOW來思考」。

有鋼鐵大王之稱的美國企業家安德魯．卡內基也說過，無法成功的人有兩種特徵：

❶無法做到交辦事項的人

❷只會做交辦事項的人

一次，機內的super seat上有位不停咳嗽的乘客，我問對方：「您感冒了嗎？」對方虛弱地點頭說：「雖然喉嚨痛，但因為我有個重要的會議所以沒辦法休息。」看起來很困擾的樣子。

我用「HOW」思考，心想：「怎麼做才能讓乘客稍微恢復精神呢？」便泡了一杯從小感冒時都會用的「紅茶漱口水」。

那位乘客十分開心，下機時特地過來跟我說：「剛才很謝謝妳。」當時那位乘客的笑容我至今仍無法忘懷。為狀況不太好的顧客思考「自己能做什麼？」採取行動，最後能看到顧客的笑容是最令人高興的一件事。

●用「HOW」思考，必定能幫助對方

這是我去新加坡出差時的事。

我下榻的飯店有位女性服務人員（M）是日本人。**這位服務員才剛在飯店工作「八個月」，便驚人地從顧客手中收到「高達四十封的謝函」**。

據說，有一次有對日本老夫妻入住飯店五天。然而，老夫妻卻完全沒有計畫什麼時候要做什麼。

M知道這件事後，儘管沒有人拜託她「我想好好玩新加坡」，卻規劃了「五天的觀光行程」提供給老夫妻。

不僅如此，在那對夫妻居住在飯店的五天內，M甚至每天都主動向他們問候，一邊詢問他們的需求一邊修改行程。

如果在「工作」的框架中思考，提議觀光行程不是M該做的事，顧客甚至沒有對M提出請求。

然而，M卻時常用「ＨＯＷ（怎麼做？）」來思考，帶著「想幫對方忙」的心情採取行動。正因為M做到這種程度，才會深受許多人喜愛，收到「多達四十封的謝函」吧。

我平常身上都會攜帶水壺。有一天，我忘記套上水壺橡膠圈，壺中的水灑到包包裡了。

我在途中的車站月台發現這件事，向站務員說明狀況，詢問對方：「請問你們有沒有塑膠袋呢？」對方只回了一句：「沒有。」

那句公式化的回答宛如突然在眼前關上的大門般，令我感受到一股無處可發洩的空虛。如果站務員願意用「ＨＯＷ」思考的話，就不會只用「ＮＯ」結束這段對話，而是能提出間接的解決方案：

「商店或許會有塑膠袋。」、「剪票口出去有間便利商店，要不要去那裡看看呢？」

●儘官能力有限，但絕不用「NO」結束一切

我的一位空服員朋友小雅是國際線的座艙長。前幾天，我和她吃飯時問她：「小雅，妳工作時會特別注意什麼事？」

她回答：「不用『NO』結束對話。」

小雅值班時有位乘客「滿身大汗」地登機。那名乘客問小雅：「機上有賣手帕嗎？」很不巧，機上並沒有販賣手帕。

小雅向客人道歉：「很抱歉，機上沒有販賣手帕。」但她沒有用「NO」結束對話。

小雅馬上拿了可以擦汗的「手巾」和潤喉的「冷飲」代替手帕送給乘客。

起飛後，小雅看見那位乘客休息的模樣，心想：「他應該非常累吧，疲憊時

或許會想吃甜食。」乘客醒來後，小雅還遞上糖果對他說：「累的時候請吃一顆吧。」

據說，那位乘客回答：「真是幫了我大忙。」滿面笑容地離開飛機。小雅的行為比手帕更有價值不是嗎？因為小雅「沒有用NO結束一切」，才能提供令人難忘的服務。

用「NO」結束對話誰都能做得到。然而，如果碰到有煩惱的人，試著用「HOW」思考：「怎麼做才能幫助對方？」、「怎麼做對方才會開心？」吧！**現在的自己或許能力有限，但請思考不要用「NO」結束一切**。即使是微不足道的小事也好，一定有「自己做得到」和「只有自己能做到」的事。別忘了，你的一點小溫柔，能夠給予對方巨大的喜悅。

Column

「打招呼」並不簡單，要靠無數次練習才學得會

我曾經單獨訪談過「無印良品」（株式會社良品計畫）的松井忠三前會長（現為名譽顧問）。

松井會長十分重視「打招呼」。

他認為：**「打招呼是溝通的基本，沒辦法打招呼的組織做什麼都不會成功。」**因而在公司內成立了「早晨問候組」（早上八點開始對上班員工問候的單位）。

松井會長自己一個月也會當一次「早晨問候組」。

儘管制度執行之初也有員工感到奇怪，覺得「要來做小學生做的事囉」。但雖然只是打招呼，也是很重要的招呼。

打招呼這件事，若沒有好好練習就學不會。在打招呼變成「習慣」以前，意識、並繼續練習非常重要。

藉由短短「一秒」面對對方，就會大大改變人際關係。

打招呼就是有如此強大的力量。

第2章

機會

你也能讓「機會來敲門」

012
「SMAP」的木村拓哉為什麼會讓空服員印象深刻？

我問了六位空服員朋友：「最讓你們印象深刻的明星是誰？」結果，想不到六位空服員中有三位提到同一個人——「SMAP」的木村拓哉。

理由是——

「因為從登機到下飛機為止，他就是『100%的木村』。」

飛行中是私人時間，藝人就算休息應該也沒關係。實際上，也有很多明星在飛行時素顏，十分放鬆。

然而，據說木村拓哉卻不一樣。他既沒睡覺也沒有隨便打扮，即使在空中也姿態凜然，「保持木村拓哉的樣子」。

我問空服員朋友為什麼木村拓哉會看起來是「100%的木村」呢？他們回答：

「因為他有很大的覺悟和自信。」

正因為木村拓哉抱持著身為頂尖偶像的覺悟與持續當偶像的自信，才沒有一秒鐘鬆懈吧。

偶像不論身在何處、由誰來看，都不會讓自己的形象崩壞。只要被看到一點怠惰的樣子，就會令粉絲傷心。

我認為，木村拓哉因為了解這一點，才會嚴格管理自我形象。

熊本縣熊本市「本藏院」的大門前每個月都會介紹不同的偉人「格言」。二〇一五年十月，登出了木村拓哉的話：

「鬆懈更累．SMAP木村拓哉。」

這是廣播節目主持人問木村：「您總是很忙，應該常常覺得很累吧？」時，木村拓哉的回答——「不會，因為鬆懈更累。」（參照自《週刊女性》二〇一五年十二月八日號）

從這句話中我們也可以看見，時時全力以赴當個「100％的木村」的覺悟與自信。

話雖如此，木村拓哉也不是一開始就是「100%的木村」。他應該是持續抱持「想成為這樣」、「應該這樣」的形象，最後才形成「100%的木村」吧。

●深信「100%的○○！」將扭轉未來

我在第七次空服員考試落榜後，反省自己「是不是『要成為空服員！』的覺悟不夠呢？」儘管還沒通過考試，就擅自決定深信「自己是空服員」。

接著，在平常「把自己當空服員」生活的過程中，我的表情、態度、用字遣詞、打招呼和服裝都一點一滴地改變了。

那時，我去機場櫃檯搭飛機的時候，地勤人員還誤以為我是空服員，對我說：「飛行辛苦了。」或許當時的我看起來像是「100%的空服員」吧（笑）。

如今回頭想想，我能通過第八次考試，是不是因為想像「自己理想中的樣貌」，將「100%的空服員」放在心上的緣故呢？或許，能否通過空服員考試的分界，就在「覺悟與自信」的強度吧。

我現在做事時，會思考「如果是日本第一的講師會怎麼表現？」、「要當『100%的松澤萬紀老師』該怎麼做？」

如果想當「100%的松澤萬紀老師」，外表就不能隨便。即使疲倦也要抬頭挺胸，平時就要露出嘴角上揚的表情，用字遣詞常保禮貌。

我認為，不管有沒有人在看，都持續扮演「自己理想中的姿態」，總有一天，那樣的姿態就會成為「真正的自己」。

我時常這麼想：抱著已經成為「理想中的自己」的心態，改變行為舉止，應該也會扭轉未來。

013 遵守「小約定」才會有「大信任」

新橋有間我最喜歡的「豆腐料理」店。

我曾去那間店的原因，料理的味道不用說，另外是因為老闆樸實親切，讓我「想再見到」他的笑容。

我曾問老闆，是什麼祕訣讓他能在新橋這塊餐廳激戰區開店三十五年以上（順帶一提，老闆說：「三十五年內附近有95%的店都變了。」）

老闆告訴我：

「只要是和客人的約定，不管多小都要遵守。」

「因為當說出：『我忘了』、『沒辦法做到』的瞬間，就會失去客人的信任了。話是這麼說，但我已經六十五歲，變得很健忘（笑），所以現在到處貼『便條紙』以免忘記跟客人的約定。妳看，像今天妳拜託的『豆腐甜甜圈』也記在這裡喔。」

「無論什麼約定都會遵守」代表了「重視對方」的心情。

像「合約」這種大約定誰都會遵守，但是並非只有「大約定」才是要遵守的約定。

持續遵守「微小的約定」反而更能令對方信任。

「約定不分輕重大小」。

老闆教了我一件理所當然卻無比重要的事。

我第一次看到我的第一本書《空姐教你100％受歡迎》是在大田區的一間壽司店。

那是間很舒服的餐廳（當時是我第一次踏入這間店），由超過八十歲的老闆大顯廚藝。我在店裡從責任編輯手中親自收下熱騰騰剛完成的書。由於太過高興，我甚至向老闆說：「這本書是我寫的！下星期發售！它就像我的小孩一樣可愛！」徹底發揮了「傻爸媽」的特徵（笑）。老闆聽見我這麼說之後，對初次見面的我說：「好厲害喔～！太好了呢！我一定會去買！」與我「同歡」。

我再次造訪那間店，大概是過了一年左右的事。

想不到老闆竟然記得我，而且還依約定拿出我的書說：「妳看，我有買書喔！」老闆說，因為附近的書店沒有賣，自己還特地向書店訂書。

老闆確實遵守一年前的口頭約定，而不只是講講客套話。這份心意令我十分高興，也因而成為老闆的粉絲。現在，那間店成為我「常去的店」了。

●若能遵守和自己的小約定，喜悅將會放大好幾倍

我曾在埼玉縣的某間書店留下喜悅的淚水。

那間書店是創業一百四十年左右的老舖，「須原屋」武藏浦和店。

「須原屋武藏浦和店」為我的第一本書《空姐教你100％受歡迎》做了「花車陳列」。

知道武藏浦和店幫我做了大型陳列後，我一方面覺得「很高興」，前往武藏浦和店打招呼，一方面卻想不出來：「為什麼武藏浦和店要幫助我這個才剛出道、沒沒無聞的作者呢？」

書店裡負責商業書的草皆先生說了這句話：

「因為我兩年前答應過妳。」

大約在上一本書出版的兩年前時，我在（須原屋所屬的）購物商場擔任研習

講師。

草皆先生也有參加研習。據說，我當時對草皆先生說：「我決定要出書了，接下來會開始寫書，等書出版以後還請多多指教。」

我會寫「據說」，是因為我很不好意思地完全忘了兩年前的這段對話。

然而，草皆先生並沒有忘記與我已經過了兩年的約定。

「這兩年我一直很期待妳出書，因為我等這本書很久了，所以請讓我按照約定，努力銷售。」

草皆先生的誠懇深深打動我的心，令我止不住淚水。

當對方記住連自己也忘記的小約定時，就是會如此令人高興。

「我下次查查看。」

「有機會的話介紹給你。」

「再打電話喔。」

「我們一定要一起吃頓飯。」

要將這種「細瑣的小約定」當作客套話帶過，還是如實遵守呢？從這裡就可以透露出一個人的人格。

即使對方忘記，自己也不會忘。**我認為，遵守連對方也不記得的「小約定」會帶來「大信任」**。

雖說只要答應了，無論什麼約定都必然遵守，但遵守「小約定」比想像中還困難，我也經常失敗。

正因為如此，更希望自己能夠成為對自己口中說出的言論負責任的人。

014 只是「簡單明瞭」就能成為武器

「東京SUBARU公司」邀請我在十五週年紀念典禮上對超過一千名員工演講時，下川良一社長告訴我他會選我上台的理由如下：

「我之所以會拜託松澤老師，是因為對妳的作品很有共鳴。書中的內容十分簡單明瞭，讓我也能理解。我想，能寫出這麼簡單易懂的書的人，應該也能向員工說出簡單好懂的內容，所以才主動跟妳聯繫。」

原來，我能獲得出頭的機會，是因為「簡單明瞭」。

我曾經詢問當時在Recruit集團（股）做出日本第一業績的H：「成為日本第一的秘訣。」

H告訴我「兩個」秘訣。其中之一是「有效地呼喚對方的名字」，**還有一個是「話要說得簡單明瞭，連小學六年級的小朋友也能聽得懂。」**

對客人而言，專有名詞和專業術語是第一次聽到的詞彙，由於難以啟齒說自己「不知道」，所以有些客人會裝懂。因此，H說他從一開始就會將那些專業內容轉換成任何人都能聽懂的詞彙（即使對方只有小學六年級也能理解的詞彙），特別下工夫以求「簡單明瞭」地傳達。

結果，H受到許多顧客的信賴，榮獲「日本第一業務」的表揚。

不管是H還是我，能夠抓住大好機會，都是因為「努力以深入淺出的方式傳達資訊」。

●簡單明瞭＝拉近「自己的頭腦」與「對方的頭腦」

撰寫第一本作品《空姐教你100％受歡迎》時，我和責任編輯最注意的就是「簡單明瞭」這件事。**我心目中的「簡單明瞭」，是拉近「我腦海中的印象（想到的影像或敘述）」與「對方腦海中的印象」。**

日文平假名的「あ」不管由誰來看，都會覺得是「あ」吧？同理，無論是說話還是寫作，我都會思考「怎麼做才能將我腦海中的印象（影像、敘述）直接投射在對方的腦海中？」我特別注意下列事項：

【在人前說話時】

✔聲音比平常大「一點五」倍。
✔說話不疾不徐，要有「停頓」。
✔不省略「主詞」。（清楚說明「誰做了～？」、「什麼東西做了～？」）

✔舉身邊的事物為例

【寫文章時】

✔不省略「主詞」。（清楚說明「誰做了～？」、「什麼東西做了～？」）

✔思考逗點、句點的位置。

✔減少使用曖昧不清的詞彙（或許、大概、上班後等等）。

✔手寫時，字體要「大」。

✔舉身邊的事物為例。

當然，每個人腦袋裡思考的事情都不一樣，很難達到100％完全相同。但是，為了接近100％完全相同而下工夫就是「簡單明瞭」與「容易」。腦海中的印象越接近，越能讓對方覺得「我很清楚那個人在講什麼」，獲得共鳴。

如果自己寫的文章或是說的話「很難懂」的話，或許問題不在對方的理解力，而是作者或是說話者沒有注意「簡單明瞭傳達的工夫」。「簡單明瞭會成為武器」，因此不論是寫作或是說話，希望大家可以注意「簡單明瞭」，不論對方是誰都能100％傳達內容。

015 唯有累積「十年經驗」的人才稱得上「獨當一面」

每年天氣冷時我都會光顧一間關東煮店。前幾天，我用隨意的心情問已經很熟的老闆：「怎樣才能簡單地做出好吃的關東煮呢？」

聽到我的問題後，總是一臉笑容的老闆換上了認真的表情，諄諄說道：

「萬紀，這間店不給客人簡單的東西喔。因為關東煮不是那麼簡單花個一、兩天就能學會的東西。三年的話，大概可以學會料理方法，但如果想達到即使用跟平常不同的醬油、不同的鍋子也能做出『同樣味道』的關東煮，要花十年。最重要的，是大量的經驗。」

我對自己向抱持專業意識的老闆問了有欠思慮的問題而感到羞愧。

「想要獨當一面，需要十年的經驗。」老闆的這句話告訴我「面對工作的方式」。

我擔任禮儀講師已經邁入第七年（二〇一六年），卻未臻成熟，還沒有嫻熟到如關東煮店老闆一般「無論處於何種狀況都能達到相同水準」。

研習當天會場、人數改變，或是突然變動主題的話，我一定會有所動搖。前幾天也是，講課時因為機器出狀況，投影片無法順利投影，令我十分驚慌。

如果說「十年獨當一面」的話，對我而言，剩下的三年就是要達成「無論處於何種狀況都能達到相同水準」的修行期。

當發現越是遭逢突發狀況，越能接近「獨當一面」這個道理後，即使面臨出乎意料的狀況，我也能以積極的態度思考：「自己正在接受測試。」

●「經歷的時間」會成為一個人的武器

經歷的時間是「一個人的歷史」。
經歷的時間是「一個人的評價」。
經歷的時間是「一個人的武器」。
即使回顧自己的職涯，我也覺得想站在專業的大門前，需要「十年經驗」的時間。

我雖然以空服員的身分工作了十二年，但過程中並非都是愉快的回憶。有好幾次都覺得「夠了、不行了、已經到極限了、好痛苦，辭職吧」。（笑）

不過，還好我沒有辭職，當初若是中途放棄的話，應該就不會有「現在的我」。當我找朋友商量「想辭職」時，朋友給了我這樣的建議：

「真心想辭職的話，連該不該辭掉工作，要怎麼做的迷惘都不會有，雙腳會毫不猶豫自己去找主管。所以在這之前都沒問題，妳應該繼續做下去。」

我能受邀成為講師，是因為「在第一線持續擔任空服員十二年，沒有辭職」的這項經歷獲得肯定的緣故。即使禮儀講師的職涯尚未滿十年，但因為有「十二年的空服員時期」才會有「現在」。

我記得，過去 Recruit 的「TOWNWORK」（求才網站）播過一個「那個經驗是你的夥伴」的電視廣告。我也認為「經驗會成為夥伴」。

身為禮儀講師我還不成熟，現在每天都還在學習。

儘管如此，我能在大家面前說話，是因為「十二年的空服員」讓我學到經驗以及成為我的自信根據所在。

知識與技術或許可以依個人努力在短時間內學會。然而，只有「經驗」在獨當一面之前需要花費「十年」的時間。儘管如此，重要的是勤奮不懈，持續累積小小的努力。

或許有人會覺得：「竟然要花十年！」不過，持續不斷做一件事十年之後，

你一定能從身體上理解其中的意義。

●「在十年前，先三年」而努力的人才看得見的事物

二〇一二年三月大學畢業的新鮮人「三年內辭職的比例（離職率）」，大約是每三人中有一人（32．3％）（根據厚生勞動部調查／畢業新鮮人的離職狀況）。最多的離職理由是「無法期許職涯上的成長」（25．5％）（Vorkers「工作價值研究所」調查），占全體的四分之一。或許大家都強烈地希望「快點進入下個階段，而不是一直處於漫長的沉潛期」。

我並非反對換工作，若是被工作逼得身心受害的話，不要勉強，順從自己的心意比較好。不過，因為「現在不喜歡」，想逃離目前狀況而辭職的人，很有可能在下一個新的工作環境又會因為「現在不喜歡」的理由辭職，不停換工作。

似乎有許多因為公司「人際關係」而辭職的人這樣認為：

「換公司的話，人際關係也會改變。如此一來，工作也會更開心。」

然而，根據問卷調查結果顯示，只有「21％」的人「因為換工作而提升人際關係的滿意度」，有更多的人（24％）認為人際關係「比以前還糟」，認為「沒有改變」的則有55％（[en]轉職顧問調查）。

並不是換工作就能解決人際關係的問題。**如果最終不能訓練自己的溝通技巧，用「自己的力量」跨越問題的話，換工作後也會為相同的問題所困擾。**

最近，大家也開始接受「『功到自然成』沒有用」的論點，不過，不論何種工作，或許都有「必須累積資歷才看得見的事物」。

在十年前，先三年吧。在那間公司努力三年後，你一定能發光發熱。「先以三年為目標」一起努力看看吧？

016 只是有「活力」，就能成為入選的理由

T現年六十九歲，即使年屆古稀（七十歲），卻絲毫不見衰老，精神奕奕，充滿幹勁與生命力，總是把「What's new?（有什麼新鮮事嗎？）」掛在嘴邊。

T曾在製造商（K公司）工作。四十多年前，K公司決定進軍美國市場時，代表公司前往美國赴任的就是T。

當時，T想不通「為什麼公司會把這麼重要的責任交到自己身上」。自己既不會說英文，公司也還有其他優秀的人才，儘管如此，公司為什麼會選擇自己呢？

T向主管詢問理由後，據說主管只回了他一句話：

「因為你很有活力。」

雖然現在有許多進軍海外市場的日本企業，但四十年前在美國設立法人的日系企業應該不多。想在未來不明的環境下創立事業，「有活力」比語言能力和學歷更重要。「活力十足的T因此獲得提拔」。

ANA時期，一位擔任綜合職務的Y學姊也是因為「很有活力」掌握住機會。

當時ANA的錄取率低於1%，據說，Y學姊進入公司後向招募負責人詢問自己為什麼能進入ANA工作。答案是：

「因為妳看起來很有活力。」

不管是T還是Y，他們獲選的理由都是因為「看起來很有活力（的樣子）」。

人們對有活力的人，可以抱以升遷為目標、希望、幹勁、滿意、積極等正面的期待。

只是有「活力」就能成為武器，只要有「活力」，就能成為入選的理由。

●有活力的「樣子」連接未來的機會

人們說空服員的工作是一種「情感勞動」。所謂的「情感勞動」指的是控制自己的情緒進而影響對方情緒的工作。

空服員被要求隨時以笑容接待乘客。學姊曾經告訴我：**「請自己先享受這趟飛行。沒精神的時候，也請裝作有活力的樣子飛行。」**這是因為活力具有「感染作用」。

即使飛機搖晃覺得「很可怕」、身體不舒服、還沒從失戀的悲傷中站起來、挨學長姊罵而沮喪，在乘客面前也要隱藏真實的情感，笑容以對，裝作有活力的「樣子」。只要空服員保持笑容，乘客就不會不安，能夠放心享受空中旅程。

不只是乘客放心，只要機組中有一個人有活力，飛行本身就會變得很愉快。

研習講師的工作也是「情感勞動」。所以我希望自己「無論發生什麼事，隨時都要保持活潑和活力」。

之前，祖父的喪禮和研習課程日期重疊，我因而無法出席。我非常喜歡祖父，內心並不平靜，然而，上台後，我持續裝作很有活力的樣子。我認為，如果自己沮喪的話，聽講者也會不安，無法集中精神。

在研習中我之所以不坐在椅子上，也是因為不想讓人看到我疲倦的樣子。我在講台上（聽講者看不到的地方）放了松田聖子的照片和寫著「我是女演員」的紙條（笑），也是因為我想要「露出像松田聖子一樣的笑容！」、「完美詮釋一位有精神的松澤老師！」。

即使沒有精神也試著做出有活力的樣子吧。嘴角上揚，笑一個。「有活力的樣子」最後會變成「真正的活力」。越有活力越能掌握機會。我打從心底強烈地認為：「有活力的樣子」連接著機會。

017 客人看得到「要相處一輩子的態度」

某間航空公司之前會贈送「玩具」作為「給小孩的優待」，有一陣子卻因削減經費等理由，考慮「停止發送玩具」。不過，最後「玩具」並沒有消失。

小孩可能是航空公司未來的顧客、未來的員工。小孩是開創未來的存在。

正因為如此，我認為那間航空公司之所以會保留玩具，與其說是為了「培養粉絲」的行銷觀點，更是本著——

「想與顧客相處一輩子」的服務心情。

之前，有個學生將自己在汽車公司受到的對待上傳到「Twitter」。他說自己要進去車行時被「趕走」了。

根據上傳內容，他因為「還只是個學生卻來車行」，遭到毫無誠意的對待。這名學生應該會覺得「原來那間店只重視現在的客人」吧。

這則推特在幾天內受到好幾千人「轉推（將其他使用者的推特標示在自己的動態列上）」，在網路上興起話題。

如果上傳內容屬實的話，這名汽車販售員或許沒有「要和顧客相處一輩子」的心意吧。

●購買的關鍵以「看人」為判斷依據

另一方面，我則是在別間車行受到與這名高中生完全相反的「誠懇對待」。

在那之前，我沒買過車，覺得車行有種很難踏入的高級感。然而，這樣的我最後卻能不緊張地看車。

那間車行的待客之道並沒有因對象而有所不同。不管是對「不太懂車的我」還是「已經簽約的顧客」，或是「只是先來看看的顧客」，都笑容可掬，給予同樣的問候，提供茶水。

我想，接待我的工作人員大概不是以「要買車？不買車？」的利害關係與人締結關係，而是珍惜人與人之間的連結——

「想和客人相處一輩子。」

「想讓自己以外的人幸福。」

「希望多少能幫一點忙。」

比起短期業績，更以與蒞臨的顧客相處、商談、購買、車檢、驗車、換車等更加長久、密切的相處為前提來接待客人吧。因為思考「怎麼做才能在三年、五年、十年後也繼續和這位客人相交」，才能深深體貼對方的心情。

之後，我看了好幾間車行明白了一件事：**比起車種的陣容和折扣，購買車子的關鍵在於「看人」**。

不是「我想買這輛車」，而是只要遇到令你覺得「可以信任」、「可以長期交往」的業務員的話，就算沒有那麼多折扣，條件也有點不足，還是會提升決定購買的可能。

一旦短視近利，就會切斷「人與人之間的連結」，那是金錢無法取代的。不過，只要抱持「和客人相處一輩子」的心情與人相處，這份關係就會連結到「未來」。

018 「笑容、問候、禮貌」是製造好感的條件

我第一本書的作者介紹照片，是由攝影師野口修二所拍攝。

拍攝那天我第一次與野口先生見面，之後也暫時沒有和他共事的機會，然而，他卻令我留下深刻的印象。因為野口先生除了工作態度專業外，還讓人「感覺很好」。

人類的記憶只會對「感覺很好的人」或「感覺很差的人」留下印象。如果野口先生是個不由分說朝助理大吼大叫的人，就算攝影技術再高明，應該也只會讓人留下「感覺很差」的印象。此外，如果野口先生一切都很「正常」，感覺不好也不壞的話，我或許就不會記得他了。

選擇野口先生當攝影師的，是我的責任編輯飯沼一洋。飯沼編輯是從雜誌轉到書籍的編輯，對減少參與「攝影」機會的飯沼編輯而言，距離上次和野口先生合作其實已經「相隔十年」了。

那麼，為什麼飯沼編輯會請十年來都沒有合作的野口先生擔任攝影呢？我好奇地向飯沼編輯詢問這個問題。

答案是，野口先生的「攝影工夫一流」當然不用說，但能在飯沼編輯心裡留下十年之久的印象，是因為對飯沼編輯而言，野口先生是個「好商量，感覺很好的人」。

飯沼編輯和野口先生一起拍攝是十多年前的事。然而，和野口先生共事後的「心情」，深深在飯沼編輯心中留下了「正面」、「積極」的情感。

我認為，飯沼編輯因此才會選擇野口先生。誰都想和「可以舒服共事」的人一起工作吧？

「感覺很好」這種說法雖然很抽象，但人的記憶隨著時間流逝，留下的都是

「這個人感覺很好、感覺很差」、「這部電影很有趣、很無聊」、「這道菜很好吃、很難吃」這種「粗略的印象」。

行銷名書《不敗行銷：大師傳授22個不可違反的市場法則》（艾爾・賴茲／傑克・屈特／臉譜出版）說：「行銷運作最具威力的觀念，就是在潛在顧客的腦海中，占有一個自己獨享的字眼。」、「人們一旦這樣認識你的話（中略）你便無法成為其他類型的人了。」**也就是說，人類的大腦在「每天發生大量事件的生活」中，會優先記住「唯一的印象」勝過其他細節吧。**只要在對方心中形象固定的話，便無法輕易改變。

●想「製造好感」，在於笑容、問候、禮貌

那麼，怎麼做才能令人產生「好感」呢？

二〇〇三年的調查顯示，「產生好感」的行為特徵以「笑容」，35・3％占

最多數，其次分別是「打招呼問候」（24・3％）和「有禮待人」（5・1％）（※7）。

也就是說，想讓人留下「好感」，最重要的是「常保笑容、問候，有禮待人」。

我和「初次見面的人」談話時會注意一件事：

「不要讓對方覺得我們是第一次見面」（不要讓對方緊張）。

為此，我會「露出笑容」、「身體朝向對方」（身體正面朝向對方能讓對方安心）、「主動走近跟對方說話」。

或許有人會覺得「做這些理所當然的事就好了嗎？」，因為事實上，「對誰都能做到理所當然的事的人」實際上少之又少。

「好感」並非天生的素質，而是藉由「用心」學習的。只要帶著體貼對方的心情，「時時面帶笑容禮貌問候」，每個人都能在對方心中留下「好感」。

Column

森川亮傳授的部屬指導法

我曾經訪問過LINE（股）的前任CEO、現任C CHANNEL的負責人森川亮。我之所以想訪問森川亮是因為拜讀了他的著作《簡單思考》。森川亮在書中寫到：「如果有什麼是達成正確目標所不可或缺的話，那就是坦率向對方傳達別人是怎麼看自己的。」我因此興起強烈的欲望，想問他平常如何指導屬下。

實際見面後，森川亮彷彿大樹般散發包容周圍一切的氣質，溫柔的外表令人看不出他有嚴厲的一面。然而身為企業首長，他説自己也會嚴格指導下面的人。

不過，森川亮在嚴格指示部屬後，似乎常會邀他們一起用餐。任何人接受嚴格指導後都會感到沮喪。**但在飯桌上，藉由「面對面」談話，會令對方深切感受到那份嚴格的指導是為了自己好吧。**

森川亮的部屬指導法，讓我完整感受到滿滿的關愛。

第3章

習慣

養成「一秒的細心習慣」

019 使用「備案工作法」，面臨突發狀況也能有好結果

飛行計畫中，一定要想好天候因素或出狀況時的「alternate」。

所謂「alternate」，指的是當「目的地機場」因天候不良或意外等影響無法降落時的「備降機場」。

無論天氣再好，都無法百分之百保證能抵達目的地，因此才必須準備「alternate（備案）」。

飛行前召開的「pre briefing（行前簡報）」中，也會確認備降機場。例如：「目的地是札幌。第一備降機場是旭川，第二備降機場是返回東京。」

像這樣準備備降機場的話，即使因為天候影響無法抵達札幌，也能馬上避開風險。

講師的工作也需要備降機場（備案）。我碰過好幾次「明明已經將研習時要用的講義寄出去卻沒送到」、「器材出問題無法使用投影片」等意外狀況。從此以後，我都會注意準備備案，讓研習無論發生什麼事、無論何時都能順利進行。

●準備「兩個以上」的備案，以保萬全

雖然備案是「突發狀況發生時的準備方案」，但只有「一層」備案還不能放心。

我至少會事先準備兩種 alternate，要有「第二備降機場（兩種備案）」。

過去，我曾經因為「只準備一種備案」而心驚膽顫的經驗。

我想在研習時播影片，決定先燒好「CD」。雖說電腦是跟會場借，但以防萬一，我還是從家裡帶了自己的筆電當作第一備案。

儘管事先已經跟對方確認過，但抵達會場要借電腦時，才知道那台電腦沒有光碟機。如此一來，就不能使用我帶的ＣＤ。

不過，我有帶自己的筆電當第一備案。

我才剛為了「只要用帶來的筆電就好了」鬆一口氣時，這次換成我的筆電規格和投影機線路不合。

雖然最後總算連上投影機，但前置作業花了許多時間，我就在焦躁的心情下開始研習課程。

如果我將影片備份在「隨身碟」中當作第二備案的話，在知道「會場的電腦沒有光碟機」的時間點，應該就能馬上插入隨身碟了。

SoftBank 集團的孫正義對弟弟孫泰藏說過：

「我平常大概都會準備四、五種方案。如果這樣還是覺得不夠，像是有大型競爭時，準備七到八種備案是最理想的。」（引用自 TAIZO SON'S BLOG／〈面

對風險的準備〉）

「突發狀況」和「變化」不是特殊情況。只要工作，就經常會有和當初預想不同的發展。

為了不論事態如何轉變都能不失水準，請事先增加自己的選項吧。只要有備案，便能在任何狀況下都不驚慌，沉著以對。

雖然像孫正義一樣準備七、八種備案不容易，但為了確實達成工作，希望大家至少都能事先準備「兩種」備案。

020 「讚美」與「責備」2：1剛剛好

雖然大家都知道溝通時「讚美」的重要，但我認為很多人沒有注意到「為什麼需要讚美？」的理由。

某間大型企業的局長說：「我不喜歡稱讚別人。」我問他原因，他這麼回答：「找討厭讓人覺得我是為了討好對方才會稱讚。」

我懂這位局長的心情，但我會這麼想：**讚美不是為了自己，而是「為了對方」**。因為讚美是為了「讓對方有自信」、「推對方一把」的行為。

當然，如果希望對方成長，有時必須嚴格地指出問題所在。然而，光是生氣會令對方委靡，本來是為了讓對方產生自信，卻可能出現反效果令對方喪失自信。

心理學家中，有學者發表過這樣的研究結果：「人類正面情緒與負面情緒大約呈3：1的話，就能積極行動。」

也就是說，「責罵一次，就必須稱讚對方三次，若是責罵超過這個比例，人們就會喪失自信。」

我認為，不管比例是多少，比起「責備」，人的成長需要更多的「稱讚」。因為我曾在研習中看過許多學員因為稱讚而擁有自信的場面。

●責備前先「稱讚」，不會讓對方失去自信

指導我聲音訓練的野口老師，即使我發出錯誤的聲音，也不會劈頭否定我：「沒做好。」老師一開始會給予我正面的肯定：「松澤，這個挑戰很好喔。方向沒錯！」

以正面言詞打開我的心房後，老師接著說：「因為這裡沒做好，所以如果改成這樣的話，表現會更好喔。」指出我的（負面）問題。

接著，最後再一次用正面的話語鼓勵我：「放心，妳做得到！」

老師為了不讓我覺得不舒服，在指導上費了許多心思，以「正面↓負面↓正面」的順序與我接觸，我才沒有失去自信，可以接受老師的指正，繼續努力。

像野口老師這樣，前後用「優點」包夾讓對方意識到「缺點」的手法，我稱為「PNP溝通」。

①稱讚優點、感謝過程、承認對方（正面／Positive）

例如：「你很努力喔。」、「一直以來真的很感謝你。」

②指出缺點或是需要改進的地方（負面／Negative）

例如：「試著○○○的話，會更好。」

③稱讚優點、加油、安撫（正面／Positive）

例如：「我很期待你的表現。」、「你沒問題的。」、「之後也一起加油吧。」、「平常真的很感謝你。」

以「PNP溝通」傳達訊息的話，便能「尊重對方的心情，並點出問題」。

有位空服員朋友在接受轉往國際線的訓練時，遭教官指責：「妳連裝個沙拉都不會嗎？妳這樣擺，別人不知道哪裡是正面。」朋友失去自信，非常沮喪，覺得：「虧自己當了十五年的家庭主婦，竟然連沙拉都裝不好。」

教官說的話當然沒錯，但儘管理論上正確，情感上卻不一定如此。假設教官使用「PNP溝通」的話，朋友應該不至於喪失自信到那個地步。

①「不愧是家庭主婦，沙拉擺得很美味喔。」（正面）

②「但這樣有點難辨別哪邊是正面，改成這樣的話，外觀看起來會更好。」（負面）

③「請用這種感覺繼續努力吧！」（正面）

指責問題時，若沒有在前後包夾「正面話語」，單獨出現的負面話語可能就會像突起的針一樣傷害對方的自尊心，剝奪對方的幹勁。

但若是一開始有「P（正面）」的話，由於接受話語的「心門」已經敞開，對方便不會失去動力。

● 向女演員天海祐希學習「有效的建議方式」

據說，天海祐希（女演員）曾經向中村杏（藝人／模特兒）給過「建言」。然而，那道「建言」卻令中村杏「深受感動」。

天海祐希走向中村杏先主動說：「我很喜歡妳喔。」接著繼續說：

「不過，妳要對自己更有自信。多學習一下，說話再優雅一點會更好喔。」

（引用參考自《女性 SEVEN》二〇一五年七月二十三日號）

天海祐希運用「喜歡」、「拿出自信」等正面詞彙，肯定中村杏。再進一步傳達期待：「如果說話再優雅一點的話，就會成為更棒的女人。」中村杏因此才能以坦率的心情聽取天海祐希的建言吧？

當看到對方的缺點或錯誤時，要不要試著更要因此先稱讚對方呢？如此一來，對方應該就不會自尊心受損，能積極接納你的話語。

021 光是「洗手」就能控制情緒

從事空服員工作最困難的就是：

「控制情緒，時時保持平常心。」

當我還是菜鳥時，有次因為在第一趟飛行中出錯，心情非常沮喪。當我在航班與航班間的空檔因為那件事耿耿於懷而嘆氣時，學妹綾子注意到我沮喪的心情，對我這麼說：

「萬紀學姊，忘了吧！瀟灑地轉換心情，迎接下一位乘客吧！」

因為綾子的這一句話，我才能回神，重新調適心情。如果沒有這句話，我或許會一直拖著負面情緒飛下一趟航班也說不定。

我的父親不知道是不是因為有機師個性，總之是個切換很快的人。

父親年輕時，在心心念念終於買到摩托車的「隔天」，車子竟然被偷走了。

儘管如此，父親也只是說了句：「學到一次教訓了。」完全看不出一丁點沮喪。令我心想：「不愧是爸爸。」

我不像父親一樣有高超的「切換能力」，因為一次失敗而啟動了一個個負面連鎖。由於綾子不會隨時在我身邊，因此我需要能斬斷負面連鎖的「自衛手段」。

所以，當我工作中遇到沮喪的事，即將陷入負面情緒時，我會以改變口紅或制服的顏色重新調整心情。這樣做真的有用。**德國科隆大學的研究指出，「人們可以透過洗手洗掉自己的失誤或由失誤所衍生的負面情緒。」**（※8）

●只要掌控「行動」，就能掌控「情緒」

我認為「掌控情緒」＝「掌控人生」。那麼，如何才能掌控情緒呢？

臨床心理師村松奈美說過：「如果『行為』、『情緒』、『思考』中的任一項能成為正面影響的存在，其餘兩項也能轉為正向。」（引用自WANI BOOKS《人類能用心理學永遠幸福》）這三項中，我把焦點放在「行為」上。

我認為，想要切換情緒，推動「行為」比直接推動「情緒」本身還有效，也是最簡單的方法。

我用洗手、更換口紅或上衣顏色這種方式改變「行為」，「情緒」也隨之開始轉向正面。

美式足球隊「富士通前線」不論比賽中領先或是落後，選手彼此間都會注意「擊掌」、「抬頭」、「面帶笑容喊話」等積極的行動。據說，他們在「落後」

時更會打起精神，持續明顯的積極行動，如此一來，自然而然就會提升心情和表現。

我聽帶領球隊成為日本第一的前「富士通前線」教練山田教練這麼說之後，決定在研習最後跟每位聽講者「擊掌」。我發現，儘管研習結束後非常疲憊，但只是擊個掌，不論是聽講者或是我都能變得很有精神。因為「有精神地擊掌」這個行為也能為我們的情緒帶來活力。

想掌控人生，就是掌控情緒。要掌控情緒，「只要稍微試著改變行為」。帶著「轉換情緒」、「重振心情」的意識，光是「洗手」就能讓心情煥然一新，成為全新的自己。

「洗手」的效果出乎預料，請務必嘗試看看。

022

「對物品投入感情」就會有好結果

我記得，小時候看電視時，連續參加兩屆洛杉磯、漢城奧運的前體操選手秋山惠梨加在節目上說：「當選手時，我曾經抱著手具（體操道具）入睡。」還是孩子的我從這句話感受到秋山選手將手具當作自己身體的一部分，「想更加和手具成為一體」的愛意，十分感動。

此外，大聯盟的鈴木一朗選手也有段知名的小故事。當小學生問他：「棒球怎麼樣才能打得好？」時，他回答：「要珍惜球棒和手套這些球具。」

我經常抱著自己的書睡覺。

我的書對我而言就像「我的小孩」一樣，因此，會讓我想像疼小孩般對書本投入感情。

我準備了「親筆寫的廣告牌」跑遍全國四百間以上的書店。雖然有朋友說：「作者還自己跑書店，好辛苦喔。」但即使再辛苦我也沒想過要放棄。

因為我認為母親（作者）去向幫忙自己小孩（書）的書店打招呼是理所當然的事。

曾是機師的父親，在退休前的三十八年工作期間，每次飛行前一定會一邊輕撫操縱桿一邊親切地對它說：「今天也請多多指教。」或許是想與保管自己性命的飛機交心吧。

我非常能理解父親的心情。

我在研習會場裡也一定會對照顧自己的會場說：「即使一個人都好，希望能盡量幫助到大家，今天也請多多指教了。」

棒。

●「自己真心推薦！」的事物投入程度不同

提供服務或是販售商品時，比任何人都還熱愛自己負責商品的人看起來非常棒。

我發現，因為自己熱愛，那樣商品也會獲得他人喜愛。

只要有愛，就能帶著自信向別人推薦那樣商品。

畢竟「自己真心推薦！」的商品，投入程度就不同，因此，只是熱切談論那項商品的優點，商品自然而然就會賣出去。

據說，當年在大型廣告公司成為史上最年輕部長的 I，將業主比作「家人工作的公司」。

I 說：「如果將業主想成照顧自己家人的公司，就無法冷漠以對，會對那間公司的商品有感情吧？」

據說，如果I負責A家電公司的話，就會將自家的家電用品都換成A公司的產品。

I會獲得大力提拔成為「史上最年輕」部長，不就是因為他對業主投入的情感比任何人都多嗎？

如果不能喜歡自己負責的商品或服務的話，就無法「打從心底向對方推薦」。

一個也好，試著努力找出負責商品的「優點」、「引人喜愛之處」，投注情感吧。

只要喜歡那項商品，就算不強迫自己多說，心意也會自然而然隨著話語傳達給對方。

023 一流的人身上為什麼要帶「替換的襪子」？

從前在學禮儀時，老師教我們「拜訪別人時，要先換好襪子。」

日本人一直以來都是在榻榻米上用餐、喝茶，據說，過去有穿著白襪象徵「潔淨」的習慣。

換襪子也是「禮」的表現、潔淨的象徵。踩著帶著濕氣的襪子走進拜訪場所是很失禮的事。

三、四年前，家電量販店 EDION 集團有個〈以白襪拜訪・心意篇〉的電視廣告。

「安裝商品或施工拜訪府上時，我們會換上全新的白襪，不將外面的髒汙帶入」的態度，就是這間公司珍惜每一次機會的用心吧。

此外，一般人由於習慣自己的氣味，很難注意到自己襪子（腳）的濕氣或味道。

訪問二十～五十歲的男女：「在榻榻米房間、新幹線、汽車等需要脫鞋的場合裡，曾經有過介意自己或他人腳臭的經驗嗎？」有87％的人回答「有」。

（LION公司調查／二〇一五年）

即使自己不覺得臭，但你的味道可能會讓身旁的人不舒服。

在針對行銷業務人員的商業禮儀研習中，我建議大家「帶上替換的襪子與攜帶式拖鞋」。不過，有九成的人覺得「沒必要做到那個地步」。

因為準備襪子和拖鞋不一定能提升公司的員工考核或待遇。很遺憾，我發現有許多人只注重「與考核直接相關的事」和「看得見的部分」。

●「將看不見的地方打理好，看得見的地方就會發光」

Panasonic公司（前松下電器）的創始人松下幸之助留下這麼一句話：「將看不見的地方打理好，看得見的地方就會發光。」

「蘋果」的創辦人史帝夫．賈伯斯注意到產品外側看不到的內部配線，留下這句話：**「偉大的木工，就算別人看不到，也不用劣質的木材做背板！」**

有九成的人「只在看得到的地方」用心。因此，只要開始注意「看不見的地方」，就能像松下幸之助和賈伯斯一樣成就感動他人的偉業。

前往拜訪目的地時，帶上替換的襪子和攜帶式拖鞋。不管是在家裡還是外面，使用完洗手間後都要整理乾淨再出來。

我認為，無論是工作還是人際關係，乍看之下樸素或不顯眼的事物其實非常重要。

想留下看得見的成果，在看不見的地方也要耗費工夫與時間——這給我許多啟發，發現這是成為頂尖人才的最快道路。

那麼，你的襪子乾不乾淨呢？

024
「多1%的努力」成就多100%的成果

距今大約三年前，我收到大阪A公司的委託，問我能不能擔任他們商業研習的講師。

雖然我和A公司已經合作多次，但當時的我擔心自己的體力，沒有自信能頻繁往返東京和大阪，因此不得已決定婉拒對方。

但幾天後，A公司的人再次跟我聯絡：「我們非松澤老師不可，無論如何都想請您擔任我們的講師。」

我問A公司的負責人C為什麼非我不可後，得到了令人感激的回覆：

「因為從老師身上看得到『助人』的心意。」

「松澤老師因為是講師，所以其實只要以講師的身分上台就好，然而，您卻和我們的員工一起幫忙當天會場的櫃檯報到、整理，甚至引導學員。雖然我們沒有拜託，還特地製作研習用的『影片』，事先做問卷調查，不辭辛勞地幫助我們。老師的態度是我們員工的模範，因此才想拜託您。」

本來，工作的目的就是「助人」。

我經常有「想幫助別人獲得幸福」的想法。

我發現，「為了別人幸福」而工作，比「為了自己」工作最後能獲得更多東西。

話雖如此，並不是要犧牲自己，而是「讓他人高興也會成為自己的喜悅」。

為了別人而工作，喜悅也會「加倍」。眼前的人露出笑容，自己也會開心。

我認為，這是因為「讓自己的心靈感受喜悅」與「讓人開心」息息相關，「自他一體」的緣故。

●就算只是「多1%」，連續一百次就會變成多100%

我會幫忙櫃檯工作或是擺桌子，是因為我認為「做普通的事只能得到普通的結果」、「普通的結果無法感動顧客」。

因為考慮到普通以上的內容，做了普通以上的事，顧客才會有普通之上的高興，不是嗎？

儘管如此，我也不是想做什麼特別的大事。

而是注意在自己能力所及的事情上「多1%」就好，加上：

「再多做一點能讓客人開心的事吧！」

「再多做些別人不做的事吧！」

無法一次做「大事」的話，只要累積「小事」就好。一次做到200%的努力（從100%往上追加）很困難，但如果是「多1%」，誰都能辦到。

即使是多1％，只要持續100次，最終會成為「多100％」，給予客人200％的喜悅。

不要覺得「這不是我的工作」裝作沒看見，多做一點比別人的拜託和期待更多的事。

即使只是多1％，只要持之以恆，一定會有人在某個地方看見你的付出。

要不要思考看看自己現在做得到的「多1％」，會是什麼呢？

025 笑容有「三種」

我在天空中面對過五百萬名以上的乘客後了解到一件事——那就是笑容分「三種類型」。

①**【自然流露的笑容】**

吃到美食、見到喜歡的人、與朋友見面、聊天很開心時等等自然而然流露的笑容。

②**【因利益得失而擺出的笑容】**

看得出「要讓他買下來」這種想法的商業笑容，笑容裡感受得到「要給對方好印象」的企圖。不是真心而是擺出來的笑容。

③【拯救對方心靈的笑容】

為了對方而笑的笑容。不同於①和②是為了表達「自己的心情」，是為了讓「對方的心情」更舒服的笑容。為了對方，即使自己很辛苦也露出的笑容。

空服員要意識到的是「③號」笑容（拯救對方的笑容）。

我擔任空服員時，學姊曾經建議我：「越痛苦的時候越要笑喔。」「松澤，空服員不論是沮喪、疲憊或是想哭的時候都不能忘記笑容。因為空服員是為了乘客而笑。當飛機搖晃時，乘客只要看到妳的笑容就不會害怕了。」

我從學姊身上學到「笑容具有令人開朗、溫柔、平靜的力量」。笑容不是為了自己，而是為了讓他人打起精神、鼓勵對方。發現到這件事以後，即使有煩惱我也能露出笑容。

●「為了對方的笑容」會永留記憶

我擔任講師上台的講座中，跟著我擔任助手的廣美是個謙虛坦率、開朗可愛的女性，擁有緩和現場氣氛的特質。

廣美以前是空服員，碰巧與我的父親（前機師）在同一家航空公司服務。我問父親記不記得廣美。

由於一間航空公司有許多空服員，加上父親已經退休一段時間了，不記得廣美也是人之常情。然而，父親卻回答：「廣美嗎？我對她很有印象。」

「她總是面帶笑容，是個非常可愛又開朗的孩子。」

更甚者，父親碰到廣美已經是「三十年」前的事了。

父親當時是出了名的「嚴格又恐怖的機師」（笑）。這樣的父親竟然稱讚廣美是「非常可愛的女性」，即使過了三十年都還記得，可說是令他留下相當深的印象。

之後我對廣美說：「我爸爸記得妳喔。」再問她：「妳在人際關係上有做什麼特別的努力嗎？」廣美馬上回答：「有。」

她告訴我：

「我提醒自己不要讓對方覺得不愉快，無論何時、何地、對方是誰，都要笑容以對。」

開心時當然不用說，但即使在痛苦、煩惱的時候，廣美都沒有忘記笑容。一點一滴的累積形成了不會褪色的笑容，即使過了三十年也深深留在父親的腦海中。不論幾年，笑容這種東西都會永留人心呢。

我曾經參加過演員別所哲也主持的廣播節目「J-WAVE TOKYO MORNING RADIO」。

我當時還不習慣媒體，加上又是現場直播，緊張得雙腳發抖。一口氣消除這份緊張的，就是別所哲也滿滿的「笑容」。

當別所哲也笑容滿面地對我說：「松澤小姐，今天請多多指教！」時，瞬間，我就像被溫柔的陽光包圍般產生了溫暖的心情。

別所哲也的笑容之於我就是「③號（拯救對方）的笑容」。因為別所哲也「為了我」笑容以對，我才能放心、敞開心胸。

●笑得比平常大「一點五倍」，就能傳達給對方

我曾在某間購物中心擔任待客研習的講師。研習要結束時，我問一位男職員：「你今天最努力的事是什麼？」他回答：「笑容！」

然而，可惜的是，我看不出來他有在笑，理由是因為他沒什麼表情。

笑容的評價是由「對手決定」。有時候即使自己想笑，別人卻看不出來你在笑。如果對方看不出「笑容」的話，那就不是「笑容」。

如果想露出「③號（拯救對方）的笑容」，我會注意要笑得比平常大「一點五倍」。

日本人經常被說不擅長笑，那麼，大家認為日本人和外國人的笑容有什麼差別呢？答案是「嘴角（嘴巴兩端）」上揚的方式。

外國人微笑時嘴角會確實上揚，日本人的嘴巴卻不太笑，因此，很難傳達表情。

笑容的重點是嘴角上揚，露出「誰看到都能產生好感的笑容」。為此，平常就必須練習。我習慣在鏡子前反覆以「Lucky」和「Happy」這類「一」結尾的詞發聲。光是這樣就能訓練到顴大肌，創造漂亮的笑容。

笑容具有讓觀者幸福的神奇力量。**只是笑得比平常大「一點五倍」，任何人都能盡情發揮這股力量。**

026

對方真正高興的，是對「過程」的感謝

我覺得「感謝有兩種」。

一種是「對結果的感謝」，一種是「對過程的感謝」。

有時在飛行目的地「stay（過夜）」時，會看到地方釀造的日本「銘酒」。

雖然我不太喝酒，但喜歡送朋友禮物，因此若是發現珍貴少見的酒就會買回去。

送酒給朋友時，會收到「這是很珍貴的酒吧？謝謝妳！」的感謝，這種「對酒的謝謝」是「對結果的感謝」。

我所有送酒的對象都會回覆「對結果的感謝」，但只有一位在「謝謝」之後，加上「對過程的感謝」。

「松澤小姐，這個酒瓶帶回來很重吧？」

這句話令我有種獲得救贖的感覺，因為真的很重（笑）。而且酒瓶易碎，在四天三夜的飛行時間中，必須小心翼翼地帶回來。這位朋友想像我買酒後到送禮之間這段「過程」的辛苦，發揮同理心慰問我，令我十分高興。

大多數的人只會對「結果」說「謝謝」。

不過，如果也能對達到結果之前的「過程」致謝的話，將能更寬闊、深入，並溫暖地豐富對方的心靈。

我問過服務商務艙的朋友：「商務艙乘客的共通點」。他們這樣回答：「很多人對再瑣碎的小事都會說『謝謝』。」

為了安排乘客各自的空間，空服員每一項服務都非常用心。我想，由於商務艙的乘客能想像這種「過程」的辛勞（努力），才會即使面對小事也能說出「謝謝」。

●「對過程的感謝」＋「對結果的感謝」＝「真正的感謝」

公司研習結束向聽講者拿回問卷後，大約一百人中會有一位（1％）不只提起對「研習內容」的「結果的感謝」，也會對準備研習這件事表達「對過程的感謝」。

「謝謝大家提供這麼棒的研習。準備研習很辛苦吧？」

「非常感謝人資部在研習開始前花了許多心力與時間。」

研習並非光靠講師就能成立，而是和主辦者一起合作。能感謝準備過程的人是能夠想像這件事的人，因此，才會不只感謝我這個講師，也對創造研習機會的人資部或總務部表達感激。主辦單位應該會有「得到回報」的感覺吧。

另一方面，也有人會寫「請不要在這麼忙的時期舉辦這種研習。請人資部考慮一下舉辦研習的時間點。」

很遺憾，我們在這樣的人身上感受不到想像「舉辦研習有多辛苦」的能力。如果能將觀點放在「過程」上的話，不論研習的內容或時間（結果）如何，在指出問題前，應該都能表達感謝：「謝謝大家盡心盡力地舉辦研習。」

在傳達感謝的心情前，習慣想像「呈現結果前的過程」的人非常棒。僅有「1％」的人能夠同時附上對「結果」與「過程」感謝。我認為，正因為具備「對結果」與「對過程」的兩種感謝，才能傳達「真心的感謝」。

Column

乃木坂 46
對「貼心」的意識

能成為生活模範的人不限於長輩。

我們有時候也能從比自己小很多的人身上學習。讓我學到一課的人是國民偶像，乃木坂 46。

我曾經和乃木坂 46 一起上過電視節目。錄影當天，我與許多日本代表性的偶像一起演出，非常緊張。而用「一秒」消除我的緊張的，就是生駒里奈。

生駒里奈進入會場後比任何人都快就定位，以爽朗的笑容向我打招呼，令我深受感動。節目進行中，她也注意繼續對不習慣電視的我說話。不只生駒里奈，其他成員的「問候」與「貼心」都非常扎實，是我十幾歲時望塵莫及的。

體貼、關懷他人的能力與年齡無關，做得到的人平時就會意識到這件事。乃木坂 46 之所以能閃閃發亮，或許是因為她們「內心充滿愛」的緣故吧。代表日本的「idol」就是充滿愛的「愛 dol」啊。

第4章

言語

帶給人生戲劇性變化的「言語」魔法

027 「不責備」讓對方成長

我（以聽講者的身分）參加某場研討會時，台上的F講師說了件令我印象十分深刻的事。

那位講師過去在顧問公司工作，他當時沒有遵守工作規定，偷偷地「騎機車」上班。

不過，他運氣很差，因車禍受傷住院，大約請了一個月的假。

回到公司後，部長叫F過去，F也做好了挨罵的覺悟，因為自己不但違反工作規定，還讓工作停擺了一個月，被責備也是理所當然的。然而，部長不但沒有責備F，還對他說出了「救贖的話」：

「你也很辛苦呢。」

不只如此——

部長還給了F「出院慰問金（三萬圓）」說：

「用這個去吃點好吃的吧。」

部長看著F，明白他在意外後承認自己的疏失、心情沮喪，並且已經充分反省一番，因此才沒有在F的傷口上灑鹽，判斷此時「同理F的心情」比要F好好認錯反省更能令他有所成長吧。

F說他對部長的用心感佩不已，下定決心「絕對不再騎機車上班。今後再不會給部長添麻煩，跟定這個人了！」

●出錯沮喪的人更需要聲援

我也曾有過「跟定這個人了！」的念頭。

擔任空服員時，我曾經在機上服務時打翻柳橙汁，弄髒乘客的衣服。

還好，那位乘客並沒有生氣，對方跟我說：「沒關係。」原諒了我。然而，即使勤務結束，我的心情還是很亂，殘留小小的痛苦。

Debriefing（飛機抵達目的地後的會議）開始後，座艙長田中前輩對組員學妹提出這樣的問題：

「妳覺得為什麼松澤今天打翻柳橙汁，客人卻一點都不生氣呢？」

「我覺得因為學姊雖然出錯，卻誠心誠意對待客人才會被原諒。」田中前輩一聽完學妹的回答就看著我溫柔地點頭說：

「就是這樣。」

我犯了明顯的錯誤，因此沮喪、反省。

我想，田中前輩看見這樣的我認為：「這孩子正在充分反省呢。與其追究原因，重新鼓勵沮喪失落的松澤應該更能令她成長。」

因此，前輩不但沒有追究我的過失，反而稱讚我犯錯後的態度。

田中前輩的話拯救了我，令我有了：「跟定這個人了！」的想法。

即使到了現在，每當想起田中前輩「救贖的話語」，我內心都會充滿感激，想成為像前輩一樣的女性。

幾年前，我聽了「北海道日本火腿鬥士隊」白井一幸教練的演講，他在球隊內擔任內野守備跑壘教練。

白井教練在演講中提到：**「越是出錯沮喪的選手，越必須鼓勵聲援他才行，但大部分的人都相反，想聲援狀況好的選手。」**我也有同感。

當對方犯了某些錯而沮喪反省時，想用說教或指責糾正錯誤，有時會形成一種逼迫。

即使說教或責備的內容再有道理，不，正因為有道理，才不要單方面指責。因為此時對方需要的不是正確的道理，而是「支撐心靈」、連結未來的「救贖話語」。

028 「也」和「是」的差別能改變人生

「各位旅客您好，感謝您今日搭乘〇〇航空〇〇〇航班飛往福岡的班機。」

這是某間航空公司機內廣播的例子。朋友說，其實曾經有乘客投訴這段廣播。

大家知道這段廣播哪裡有問題嗎？為什麼會讓乘客不舒服呢？

投訴的乘客指出：「『今日』這個說法很奇怪。」那位乘客覺得：**「我搭了好幾次你們公司的飛機，不是『今日』，而是『今日也』才對吧？」**對方大概覺得自己沒有受到重視吧。

「今日」與「今日也」單單一字之差就引起了投訴。

聽說，之後空服員的作業手冊有了改變，廣播內容變成：

「感謝您今日『也』搭乘○○航空。」

我詢問有計程車公司客戶的講師朋友時，對方說：「計程車公司也有因一字之差造成投訴的狀況。」據說，當司機向乘客複誦目的地時，如果使用「疑問句」會有乘客投訴。

舉個例子，當乘客說，「請載我到澀谷」時，司機不能再問一次：「澀谷對嗎？」因為有時會有乘客覺得：「怎樣？因為太近，所以不能去嗎？」認為司機像在怪自己。

不是說「澀谷對嗎？」而是肯定地複誦：「澀谷對吧。」因為雖然只是語尾的差異，但「嗎？」這個字卻會讓乘客不愉快。

●「僅僅一字之差」，改變自己與對方的人生

僅僅一字之差，就會改變語感。僅僅一字之差，就會改變聽者的心情。

有位做秘書的朋友說，當問客人：「您要喝咖啡還是紅茶呢？」時，會分成回答：「咖啡就好。」和「咖啡好。」的客人。

「就好」和「好」雖然只有一字之差，但回答「就好」其中有「選擇很麻煩」、「我沒別的需要了」這種否定的語感。相對的，回答「好」則顯示出積極主動的心情：「我想要這個！」

將心比心，推敲「一個字」，如此，便能了解回答「好」比「就好」更能「體貼對方的心情」。

幾年前朋友寄給我的賀年卡上寫著：「妳還在做禮儀講師嗎？」看見這句話後我心裡感到微微的苦澀。

因為總覺得「還在做嗎？」這句話裡含有「妳還在做那種工作嗎？」的語義。

我知道朋友「沒有惡意」。

然而，對一直以來拚命奮鬥的我而言，實在無法用正面的態度看待「還在」這個詞。

聽者並非以「言者的意圖」理解接收一句話。

有時候明明沒有那個意思，卻會因無心脫口的話引起誤會，不小心傷害到對方。正因為如此，才希望各位懷抱重視「一個字」的心態。

只是意識到「一個字」而改，各位的人生以及談話對象的人生或許就會出現變化。

029 大人式「綽號」用法

幾年前，我參加了《花丸市場》（TBS系列）這個晨間電視節目的現場直播。開曾討論的第一天，我因為幾天後就要準備錄影、第一次參加現場直播節目而緊張，藪內康博導播對這樣的我說：

「大家平常都怎麼稱呼松澤小姐呢？妳有綽號嗎？」

我回答：「很熟的朋友都叫我萬萬。」

藪內導播聽到後露出微笑說：

「那以後我可以叫妳萬萬嗎？」

他接著繼續說：「也請叫我阿藪就好。」

如果雙方都很緊張，討論會議就不會出現好點子。我認為，藪內導播是因為考慮到我內心的不安，才會在「名字的叫法」上費心，緩和我的情緒。實際上，我也覺得我們藉由互相稱呼「阿藪導播」、「萬萬」，一口氣縮短了內心的距離。

藪內導播教會我世界上還有一種不同於學校的「大人式綽號用法」。藉由稱呼彼此的綽號，也能和初次見面的對象縮短內心的距離。

還有一次是這樣的。朋友邀我參加廣告公司業務Ｉ在家裡開的派對。雖然Ｉ當時和我是第一次見面，卻一直用「萬萬」對我說：「萬萬，這款酒很好喝，要不要試試看？」、「萬萬可以坐這裡喔。」、「萬萬，工作還順利嗎？」Ｉ一定是注意到我因為初次見面覺得彼此有距離的心情了吧。

我在那場派對中沒有熟人，活動開始之初雖然感到不自在，但每次聽到「萬萬」這個叫法後，便能漸漸淡化一些抽離感。

「萬萬」對我而言是最熟悉的稱呼。Ｉ考慮到「怎麼做才能消除對方的緊張」，才會叫我「萬萬」。

為了不讓我淪為「壁花（遭談話圈排除的女性）」，才會親暱地喊我「萬萬」。

在商業禮儀常識中，建議大家稱呼別人名字時要加「先生／小姐」或是「職稱」。不過有時根據狀況，即使是初次見面，互相喊「綽號」也可以變成一種「款待」。這是因為「稱呼」會清楚顯示出你有多親近和信任對方。我認為，「如何縮短與對方內心的距離？」才是重點。

● 用「對方現在希望聽到的叫法」稱呼

空服員時期，有位我非常尊敬的學姊將「學弟妹」和「暱稱」的分別運用自如。學姊在「公開場合」會禮貌地稱呼我「松澤學妹」，私底下則是親暱地喊我「松澤妹」。或是訓斥時公式化地稱對方為「學弟妹」，鼓勵時則加上「暱稱」。學姊一邊在稱呼上下功夫，一邊為大家降低溝通的門檻。

內心距離太近的話，會變得過分親暱，令人難以喘息。相反的，內心距離太過遙遠則會萌生疏離與不信任感。

我認為，不論是藪內導播、I、還是空服員學姊都注意到「現在要怎麼稱呼對方才會開心？」、「要怎麼稱呼對方才會有親切感？」花心思在名字的叫法上，保持不會太近也不會太遠的「距離」。

「距離」是「距禮」。「距禮」是適當的內心距離。正確的「距禮」可以打開一個人的心房。「在稱呼上用心」是最好的款待。**當能用「對方現在希望聽到的叫法稱呼」時，就能保持不會太近也不會太遠，令人舒服的「距禮」。**

030 立即反應的「貼心話語」必須靠平日「準備和練習」

常拜託別人什麼事時，大家都會萌生許多「不好意思」的心情。發現對方這種心情，說出貼心的一句話＝「貼心話語」，就能用你的話語溫柔包覆對方的心靈。

我經常拜託朋友或認識的人做「問卷調查」。那是工作上要用的問卷，對我而言非常重要。不過，由於調查問題越多，越需要對方撥出時間填寫，我經常帶著「真的非常不好意思」的心情拜託朋友寫問卷。

不知道是不是注意到我的這種心情，有些朋友在問卷最後會附上非常溫暖的話語。

✔「託這份問卷的福，讓我有了重新檢視自己的契機，謝謝。」

✔「研習加油喔！很高興能幫妳的忙。」

那一瞬間，我因為「貼心話語」內心放下一塊重擔，感到抱歉的心情得到了救贖。

其中也有朋友會說：「問卷要多一點比較好吧？我也去問一下身邊的人。」代替我蒐集問卷。這讓我學到了兩件事的重要性：

- **受託後，加一句「貼心話語」。**
- **做受託的事＋「對方會高興的事」。**

想讓眼前的人開心時，不需要做什麼大事，只要一點點「貼心話語」和「額外行動」便足夠了。

我前往新加坡出差時，有機會採訪下榻飯店的M員工。

由於我們預定在M工作結束後訪問，因此採訪開始時已經超過晚上十點了。M當然很累。

我對M表達感激說：「謝謝妳這麼累還抽出時間給我。」

M露出笑容對我說：

「我才要道謝。因為我一直也很想和妳聊聊，所以很開心。」

採訪結束後，M還貼心地對我說：「今天能和松澤老師談話，讓我學到非常多東西。如果還有需要，請隨時再跟我說一聲。」

M的「貼心話語」，拯救了因為拜託對方深夜受訪而十分抱歉的我。

●想使用「貼心話語」必須靠平日練習

有時候，一小句貼心的話能夠紓緩對方的心靈，然而，遇到「瞬間的狀況」時，我們常無法即時說出「貼心話語」。

NHK的主播過去曾說過：「雖然我很擅長說出既定的內容，但要將即時的一句話運用自如卻很難。」

連以「說話」為業的專業主播都覺得要即刻體貼對方是件很難的事。想要運用「貼心話語」，在日常生活中也必須先「準備」和「練習」。以我自己為例，當看到感動內心的句子時，一定會「筆記下來」。

沒有任何行動，便無法磨練語言的品味。然而，從意識到「想傳達接觸對方內心的一句話」那一刻起，表達方式就會開始改變。

平常就與有「想令對方放鬆」心意的人相處，僅僅如此，自己用字遣詞的品質就會漸漸改變。

像M一樣，平常就說些照顧對方的話語，或許就能在對方心裡永遠留下「體貼」的印象。

031 一句「我相信你」就能救人

我認為，即使只有一個人也好，人類只要有願意真心誠意相信自己的「夥伴」，就能散發光芒。

我的高中同班同學S進了音樂大學主修鋼琴，畢業後卻不再彈琴。這是她再三煩惱跟老師之間的關係後所下的決定。

據說，學校老師過於嚴苛的指導，在S眼裡就像是以教育為名的「惡意」。

S難以忍受內心痛苦，和母親商量。

然而，母親卻不相信。S母親相信的不是S，而是老師。「那位優秀的老師不可能做欺負學生這種事，是妳想太多了！」母親冷淡地駁斥了S的煩惱。

S好不容易忍耐到畢業，之後卻再也沒有力氣繼續彈琴了。

事後，S說：**「不管和誰說都沒人能相信自己，是最痛苦的事。」**（S現在活躍於鋼琴之外的音樂活動。）

誰都好，當初只要有一個人願意跟S站在「同一邊」，她內心的傷痛或許就能更早痊癒。

我在斐濟留學時，曾在寄宿家庭裡被跳蚤咬傷。

我向host mother（寄宿家庭裡的媽媽）表示覺得床上有跳蚤後，host mother不相信，跟我說：「我們家絕對不可能有什麼跳蚤！」因為在斐濟，承認家裡有跳蚤就等於承認「家裡很髒」。

host mother聽了我的話後很不高興，那天晚上不肯跟我說話。

不過，host father（爸爸）願意站在我這邊，對我說：「我相信妳。」這句話真的拯救了我的心靈。

●就算「相信自己的人」只有一個也能得救

有次，父親曾喃喃吐出這樣的話：

「有孩子真好。因為他們無論何時都願意站在父母這邊。」

對我而言，認真努力的機師父親是非常強大的存在。原來，即使是看起來像超人的父親，其實也是有弱點的人類。我發現，「不論發生任何事，我都跟父親站在同一邊，父親也站在我這邊。光是明白這件事，便能湧現生存的能量。」

我在空服員考試中落榜七次，好不容易在第八次考上了。但不可思議的是，當時不管落榜幾次，我都有「一定能當空服員！」的自信。

大家認為我為什麼能有這種自信呢？

這是因為「家人和朋友絕對不否定我的夢想。」因為他們沒有懷疑我什麼時候能成為空服員，因為「家人願意當我的夥伴」。

因為就算失敗好幾次，也沒有一個人對我說：「放棄當空服員吧。」所以即使我一次又一次落榜也能繼續努力。

我認為，不論誰都好，只要有個人願意相信自己，我們就能帶著自信生活。而我當時也是因此才能從幾十分之一的機率中獲選成為空服員。

無論外表看起來多堅強，人類都有脆弱的一面。如果你眼前有人正在煩惱、失去自信停滯不前、悲傷哭泣的話，一句話也好，請對他說聲：

「你可以的。」、「我相信你。」

當你產生「相信這個人吧」的想法時，那份心意一定能成為讓對方人生好轉的力量。因為「我相信你」這句話，具有將脆弱轉變為堅強的力量。

032 「負面玩笑」會傷害對方

幾年前我和朋友一起舉辦「春酒」。也是講師的T在向大家介紹我這個春酒主辦人時說：「別看松澤老師這樣，她其實酒品很差～哈哈哈哈哈！」

然而很遺憾地，我的體質既不能喝酒，也不曾在T的面前喝醉過。

由於我不明白T在大家面前那樣說的用意，因此在春酒後問他為什麼要在大家面前說我「酒品很差」。T回答：「我認為介紹禮儀講師不同的另一面，大家會覺得比較好笑。」T似乎是為了炒熱現場氣氛才想開點小玩笑，但實際上在大家面前說我「酒品差」令我感覺不太舒服。我想，就算假設我能喝酒，酒品也真的很差，也會很排斥在大家面前被這樣說。

就算是「玩笑」，會傷害到對方就不是「玩笑」了。我認為，考量到雖然自己只是想開點小玩笑卻會深深傷害對方，以及雖然覺得「自己不會因為那種小事就受傷」，但「對方是和自己完全不同的個體，會不會受傷是由對方決定」後，「玩笑」的內容或許也會改變。

●想開玩笑，就說「正面玩笑」吧

我認為玩笑分兩種，「負面玩笑」與「正面玩笑」。

「負面玩笑」是以對方為話題取笑，令聽的人會不開心的玩笑。很遺憾，T的玩笑對我而言屬於「負面玩笑」。

「正面玩笑」不會傷害任何人，也不會讓任何人不幸，是能為周遭提供輕快話題的玩笑。

朋友去喝喜酒有這麼一段插曲——原本要炒熱喜酒氣氛的投影片因為機器

出問題而無法播放。當時，主持人臨機應變，運用新郎在「居家水槽設備廠」工作的事，開玩笑地說：「讓我們把這件事放水流，進行下一個階段吧！」這句話引起全場大笑，趕跑了尷尬的氣氛。主持人說的「正面玩笑」令周遭的人快活起來。

之前，我夢見上一本作品《空姐教你100%受歡迎》「成為銷售突破四百萬冊的暢銷書」（笑）。

我一方面自己也覺得「還真是個往好處想過頭的夢呢」，一方面向鑽石社行銷部的市川治夫先生說了這個夢。市川先生聽完後笑著回我一個正面玩笑：「妳的話，或許有可能喔。如果這本書真如夢境所說賣到四百萬冊的話，我個人就出資建一尊松澤老師的銅像（笑）。」

當時我想像「市川先生站在松澤萬紀像前的樣子」，嘴角不由得上揚。我很高興能透過玩笑，與市川先生彼此互通心情。

我認識的一位實力派作家Y說自己平常盡可能不開「負面玩笑」。Y說：

「即使負面玩笑可以當作很有趣的話題，但因為根據對方的解釋不同，有時可能會造成非常大的誤會，所以我盡可能不開這樣的玩笑。」

據說，即使是在我眼中宛如「言語魔術師」的專業作家，都有不小心令人不愉快的經驗。若是如此，我們似乎更應該將「負面玩笑會傷人」這件事牢牢記在心中。

033 支持一輩子的一句話。傷害一輩子的一句話。

我在某間商店一個月擔任一次「接待研習」的老師，那是總共六次，為期半年的研習。

雖然每位員工都很專心地聽我說話，但其中有一位令我十分擔心介意的女生，M美。

M美是個非常棒的女生，卻不知為何不太常看到她笑。

由於讓大家「露出笑容」也是我的工作之一，因此每當她偶爾露出小小的微笑時，我都會留意稱讚她：

「剛剛的笑容很棒！」

「妳剛剛的笑容讓我的疲勞都消失了。」

「剛剛的笑容很療癒。」

這樣半年後，當最後一堂研習結束時，M美向我坦承：

「松澤老師，謝謝妳。因為老師的稱讚，我才能喜歡上微笑。在這之前，我很討厭笑。」

為什麼M美會討厭「笑」呢？為什麼她不想讓人看到自己的笑容呢？

問題出在M美母親「沒有惡意的一句話」。

M美對我表明：「小時候，媽媽對我說：『妳的笑容好像招財貓耶。』從此以後，我覺得自己鏡子裡的笑容看起來就像招財貓。我討厭這樣。」

招財貓是招攬「生意興隆」等福氣的吉祥物。我認為，M美媽媽將M美的笑容比喻為招財貓並不是將其視為缺點，而是想稱讚女兒長相很有福氣。

然而，遺憾的是，母親無心的一句話，最後卻令M美痛苦。

言語有傷害聽者的力量，另一方面，也同時有鼓勵對方、令對方幸福的力量。

M美因為言語的力量受傷，也因言語的力量（別人對自己笑容的稱讚）重拾自信。

●你的一句話可能會支持對方一輩子

當我還是新人講師的時候，曾經負責大型企業主辦的商業禮儀研討會。不過，由於我當時沒什麼上台經驗，也缺乏實際經歷，研討會前內心緊張得七上八下。

那時，拯救我的是人資部的S部長。S部長過去聽完我的講座後，對我說了這麼一句話：

「松澤老師，妳是百裡挑一的講師呢，簡直是研習業界的鈴木一朗！」

雖然知道這是幫我打氣的「客套話」，但S部長這句有力的話卻支持著我。

直到今天，每當我面臨緊張的情況時都會想起S部長的話，對自己說：「我是百裡挑一的講師，沒問題的！」

S部長送了我一句「支持這個人一輩子的話」。

言語有「傷害這個人一輩子的力量」與「支持這個人一輩子的力量」。言語擁有的「力量」超乎我們的想像。

希望大家能對這件事有所自覺，使用拯救、支持他人內心的話語。

Column

只要有強烈的心意，
你也可以當冠軍

金光進陪是日本拉丁舞冠軍，舞蹈界裡魄力十足的存在。

我想知道在如今競賽人口據說超過一百六十萬人的社交舞界裡，「成為冠軍不可或缺的事物」以及「一流的人每天都在想什麼」而訪問他。

金光進陪從大學時期開始跳舞，他說：**「我的人生只專注在跳舞上。一年三百六十五天，一天二十四小時，我不管做什麼都在想跳舞的事。吃飯的時候、搭電車的時候，想的都是有沒有什麼可以活用在舞蹈中。」**

坂本龍馬留下一句話：「人生在世，所為成事。」我從金光選手的話中感受到，越是在一件事上有所成就的頂尖人才，「越會長時間持續思考一件事，因為那份強烈的心意而能展現成果。」

金光選手的舞蹈之所以能夠深深感動人心，「正是因為他比任何人都熱愛舞蹈，一心只想著舞蹈」的緣故吧。

第5章

行動

「起而行」會開始改變一切

034 「準備的力量」就是成功的力量

朋友的先生是位律師。聽說他是個百戰百勝的律師後，我便向朋友詢問原因，朋友回答：**「不管出庭前一天是星期六或星期天，是早是晚，我先生都會花時間準備工作，準備到讓人覺得『要到那種程度嗎？』的地步。我想他厲害的地方大概就在於準備的力量吧。」**

我認識的外科醫生也說：「手術結果有99．5％是靠準備決定。」此外，在廣告公司工作的朋友也跟我說過：「越有人氣的藝人在拍攝前的準備越不一樣。」

這是因為做事成功的人徹底了解「準備」的重要性，會花時間準備到自己認同為止。

那麼，要準備到什麼地步才能認同呢？我認為是「到自己有自信為止」。

二〇一〇年，我決定參加「TSUTAYA 商學院講師甄選」時，我的說話課老師告訴我：「想超越緊張，只能一次又一次地反覆練習以建立自信。關鍵在經驗。」

我遵照老師的建議，不停反覆朗誦演講稿無數次，在大概超過五十次之後，開始逐漸一點一滴萌生自信，想要「快點在大家面前說說看！」

抑制緊張最有效的方法，就是準備到自己認同、自己能有自信為止。我認為，正因為我準備到自己能夠覺得「做了這麼多練習，沒問題了。」才能獲得「第三名」的成果。

原來，「準備的力量」就是在緊張的場合裡支持自己內心的關鍵。

●「準備量」與「成果品質」成正比

日前，我和「無印良品」的榮譽顧問松井忠三先生見面時，松井榮譽顧問也說：「演講前，我會做好萬全的準備。」

他說：「在大家面前說話時，談話內容就不用說了，我還會檢查會場大小、照明亮度、誰會出席等所有細節，在這些基礎上做準備。」

此外，松井榮譽顧問週末不管哪一天都一定會去公司，費心思「為下週做準備」。**「不為下週的事做準備我就無法放心。」、「不準備反而會有壓力。」聽了松井榮譽顧問的這些理由後，我從他身上學到「準備量」與「成果品質」成正比這件事。**

我記得松田聖子過去在電視節目中說過：「為了健康管理，我幾乎不吃我最喜歡的油炸物。」

我也會在研習的幾天前開始（如果是幾百人以上的研習則是從幾個月前開始）注意飲食，盡可能營養均衡，多吃幫助消化、營養價值高的食物。

此外，我還會適度運動，保持睡眠充足，整頓自己的狀態。也會一個人去卡拉OK包廂反覆預演。

以前，研習公司的人曾經跟我說：「有些研習講師在習慣工作後會疏於準備。但是松澤老師妳不管過了幾年、上台過幾百次，都不會懈怠，總是掏心掏肺地演說。在我們登記的三百名講師中，能做到這個地步的，只有妳而已。」

如果說我能「掏心掏肺」地演講，都是因為我「掏心掏肺」地準備到自己能認為「這樣就沒問題了」的緣故。

如果想得到比目前更好的成果，或許重新再檢討一次自己的「準備量」也很重要。

035
「我辦得到！我可以！沒問題！」能夠超越極限

我在收看「嵐十五週年的告白～LIVE & DOUCUMENT～」（NHK綜合台）這個收錄偶像團體「嵐」夏威夷演唱會內容的紀錄片節目時，為二宮和也面對工作的態度深受感動。

第一天演出舞台進入中場後，二宮和也傷到腰十分痛苦。儘管他表示痛到「左腳痲掉」，但兩天的演唱會都呈現了精彩的演出。二宮和也回顧當時忍痛完成舞台的事時這麼說道：

「因為我覺得這個時間是大家花錢來的，當我們保管這段時間時，我不能接受演出品質因為私人原因而下降。」（※9）

「我不能接受演出品質因為私人原因而下降。」

我也有過相同的想法。

幾年前，我在研習前一天肚子痛得受不了，被救護車送到醫院。診斷的結果是「結石」。

我因為劇痛和「有生以來第一次搭救護車」的打擊而變得軟弱，內心在「身體狀況這麼差，研習請假也是沒辦法的事，客戶應該能夠體諒我吧？」這樣的藉口和「吃止痛藥的話，或許隔天研習可以上台」的責任感中搖擺不定。

我在醫院病床上得不出答案時，想到朋友跟我說過的話。

以前學芭蕾的朋友說她從芭蕾老師身上學到「心意決定極限」。

老師在要演出的發表會當天傷了腳。據說，看著一邊摸腳一邊露出痛苦神情的老師，不管是學生還是工作人員都幾乎放棄地想：「這種狀態實在不可能上台吧。」

然而當輪到老師出場時，老師呈現了一支楚楚可憐又優雅美麗的舞蹈。朋友說自己深受老師的姿態感動，因而發現「人類的極限是靠人類自己的心意決定」。

●極限比自己想像的還要遠

想起從朋友那裡聽過的故事後，我的內心不可思議地湧現力量。轉而積極地想：「我無法因私人原因而讓工作開天窗。」

我後來吃止痛藥完成了研習。現在想起來，只覺得當初是拚死拚活完成的感覺。但就是靠這份拚死拚活的心情，才沒有讓任何人發現我的身體狀況很差。

我之所以沒有讓工作開天窗，是因為「沒有自己決定自己的極限這回事」。是因為想著「我可以！」的意志力運作的結果。

當時的經驗成為我巨大的自信來源。**因為這段經驗讓我了解，只要強烈地想著「我辦得到！我可以！沒問題！」，就能跨越嚴峻的困難。**現在，即使就快要沮喪失志，我也不會逃跑，變得可以積極思考：「當時都那麼努力了，這次也一定可以做到。」

當覺得「已經到極限了，不行了」時，人們會不停想找藉口逃跑。當然，身體狀況差時，必須遵照醫生的指示。

不過，當心情上想逃跑時，請想起「極限是依自己心情界定出來的」，不用一開始就認定自己「已經不行了」。

只要一點點就好，試著起身行動吧。因為，從像我那樣起身行動開始，就會實際湧現超越極限的感受。

請別忘了，極限比自己想像的還要遠。

036 就算前進不了一公尺，也能前進「一公分」

國中時，參加劍道社的我曾遭顧問教練指出：「妳從比賽開始前就輸了。」因為我在聽到裁判喊出「開始！」宣告比賽展開的聲音後，有個下意識後退一步的壞習慣。

我在對戰前就害怕對手的氣勢，自己逃走了。

「即使害怕也必須向前跨出一步。因為技巧比不上對方，至少在氣勢上不能輸。」

「雖然或許贏不了強勁的對手，但只是往前踏出一步的話，是辦得到的。」

自從我開始這麼想之後，也一點一滴地產生改變。「向前踏出一步的勇氣」帶來了巨大的結果，讓我在市大會獲得第三名的成績。

想擁有巨大的勇氣需要龐大的決心，所以很恐怖。

想擁有巨大的勇氣需要無比的努力，所以讓人想放棄。

但是，就像我的一步一樣，如果只是「向前踏出一小步的勇氣」，誰都能辦到吧？

我認為，改變需要的不是投擲巨大的勇氣，而是累積「向前踏出一小步的勇氣」。

我之所以在空服員考試中落榜七次還能在空中飛行，是因為我擁有「向前踏出一小步的勇氣」，不害怕「不合格」。

我能夠和「無印良品」的松井忠三榮譽顧問與LINE的前任CEO、CCHANNEL現任負責人森川亮以採訪的形式會面，也是因為我拿出「向前踏出一小步的勇氣」申請面談，將「對方不可能見我這種無名小卒」的不安壓下的關係。

二〇一五年我能去斐濟留學，也是因為拋開了「年齡差距很大，如果交不到朋友怎麼辦？」的軟弱想法。

●累積前進「一公分」的勇氣，就能開創未來

為了促銷上一本作品《空姐教你100%受歡迎》，我打電話問全國的書店：「我是《空姐教你100%受歡迎》的作者松澤萬紀，我親自做了手繪廣告牌，方便送過去嗎？」

打電話給不認識的人需要相當的勇氣，會因為擔心「如果對方拒絕的話怎麼辦？」而猶疑不前。但是，我帶著「向前踏出一小步的勇氣」打電話後，成功獲得許多書店友善的回應。

書籍發售後的隔年，廣島縣蔦屋東廣島店的店長對我說：「我做了好幾年店長，妳是第一個親自打電話來說想送手寫廣告牌的作者，請務必讓我幫忙。」之後，店長幫我開了簽書會。

廣島的簽書會對我而言意義非凡，因為東廣島市是我已逝母親的故鄉。

小小的勇氣似乎將我和母親連結在一起。

當處理新事物、不熟悉的事、第一次嘗試的事時，有時會興起不安的心情。每當這種時候，我都會對自己說：

「即使沒有巨大的勇氣，如果只是小小的勇氣的話，我應該拿得出來。如果前進不了一公尺，一公分也好，向前走吧。」

一點點也好，主動採取行動吧。一點點也好，試著嘗試自己今天能做的事吧。

請相信這份「小小勇氣的累積」將會帶來寬闊的未來。

037 責備對方前先「反省自己的人」會成功

我曾經問過當小學校長的表姊夫：「好老師和壞老師的差別」。

表姊夫告訴我：「出問題時『警惕自己』的是好老師，『怪罪學生和監護人』的是壞老師。」

例如，學生成績沒什麼進步時，好老師會想從自己身上找出原因：

「或許是我的教法有問題，再多花一些工夫吧。」

另一方面，壞老師則會想從學生和監護人（自己除外）身上找原因：

「都是因為學生沒有按我教的做，成績才會沒有起色。也有可能是家長不對。」

表姊夫說，由於好老師思考時會將重點放在「自己可以做什麼？」上，因此

時常能改善問題，同時提升教學品質和學生成績。

《超級名模生死鬥》（美國CW電視網）是一齣挖掘新世代模特兒的選秀節目。

節目募集夢想成為專業模特兒的參賽者，比賽規則是給參賽者課題，評分後淘汰分數差的人。

我偶爾會收看這齣節目，當看到收到「兩人一組拍攝3D照片」課題的模特兒時，我發現了一件事，那就是分數低的隊伍都是隊員自我主張強烈、「不願改變自己」的隊伍。

由於是兩人一組，因此必須互相合作、各退一步，彼此配合步調。

然而，低分的隊伍盡是在互相責怪隊友：「都是因為對方不肯合作，我們才拍不出最佳照片。」這樣當然不可能有好結果。

●他人的行為無法改變，能改變的只有「自己的行為」

接下來說的內容有點專業，心理學中有個概念叫「控制觀（locus of control）」。locus意思是「所在」，因此也有人將locus of control翻為「控制所在」。

這是一種將控制自己行為的「意識所在」分成「自己」與「他人」的概念。控制觀將意識所在分成認為「控制能力在自己身上」的「內控型」和認為「控制能力存在於外界（環境和他人行為等）」的「外控型」（※10）

我認為，「自己身上」有控制能力的人比較容易成功。

「內控型」即使面對失敗收場，也會認為「責任在自己身上」，心想「下次要避免失敗」而改變行為。

然而，由於「外控型」會覺得「自己沒有錯」，不會改變自己的行為，因此容易重複類似的失敗。

我們無法改變他人，因此，想要改變結果只能「改變自己」。

每當上司責罵自己時，找藉口、將自己的失誤怪罪給身邊的人只會讓自己的評價也跟著下降。失敗卻不反省，還以「責他（是別人的責任）」的方式思考的話，別人也無法期待你有所成長或改善吧。

若是遭遇人際關係問題或是工作上的失誤，請思考下列這個問題：

「如果這個問題的責任在我身上，我要改變什麼才能解決？」

如果將問題的原因視為「自己的責任」，我們就能思考「自己針對這個問題可以做什麼？」接著，自己能夠掌控的範圍會越來越寬闊，最終會看見解決問題的道路。

那麼，你還要一直指責別人嗎？

038

「大家一起來的文化」

我的作家朋友渡邊里衛在等待搭飛機的空檔時，向地勤人員提出想領取「孕婦標示牌（告訴周圍的人自己懷孕，比較容易請大家注意配合的名牌）」的請求。

孕婦標示牌通常是由機場櫃檯（票務櫃臺）準備，登機門不一定會有。過去當過空服員的渡邊雖然知道這件事，但仍抱著「或許有」的想法，向登機門的工作人員試著說：

「不好意思，出發前這麼忙的時候打擾你們。『如果有的話』就好，能不能給我一個孕婦標示牌呢？如果沒有的話也沒關係。」

果然，登機門的工作人員找不到名牌，道歉說：

「我們在機場貴賓室和其他登機門也找了一下，但這附近不巧都沒有。真的很抱歉。」

渡邊回答：「我才抱歉，提出這麼勉強的要求！謝謝你們幫我找，我原本就只是想『如果有的話』就好，請不要介意。」向工作人員道謝後便登機了。

當飛機做好出發準備，關上機門，渡邊心想，「好，要出發了」的那一刻，空服員過來對她說：

「請問是渡邊小姐嗎？恭喜您懷孕。這是地勤工作人員要給您的東西，祝您一路順風。」

渡邊收到的，竟然是孕婦標示牌。

那塊標示牌恐怕是好幾位工作人員互相聯繫，像傳接力棒一樣才抵達飛機上的吧。

對渡邊而言最值得高興的不是「收到名牌」，而是眾多工作人員為了自己團結一致。「團隊合作」完成的「貼心」，深深打動渡邊。

點和點、人與人連結在一起化成一條線，跨越部門、職務合作的結果，為渡邊帶來莫大感動。

●「我為人人，人人為我」

橄欖球界的名言：「one for all, all for one（我為人人，人人為我）」教了我這句話。這句話告訴我們團隊合作和協調的重要性。

空服員的工作也是「one for all, all for one」。我工作過的ANA普遍有一種「大家一起來的文化」。

與我同期的空服員夥伴所搭乘的飛機上，有位「在馬拉松大賽上獲得第一名」的男性，這名男子高齡一百歲。據說，為了慶祝這位乘客獲得優勝，全體組員一起製作了「candy lei（糖果項鍊）」為禮物，讓那位乘客又驚又喜。

優勝的快樂與從空服員手中收到意想不到的禮物，對那位乘客而言，一定化為了好幾倍的喜悅吧。

還有一次，在Debriefing會議結束後，組員對我說：

「松澤小姐，辛苦了，來，這個給妳。」送給我一張「寫滿留言的生日卡片」。

那天其實是我生日。那是不只知道這件事的空服員，還包含機長、副機長、全體組員一起寫給我的「祝福」驚喜。收到這份溫暖，令我當場落淚。那天，包含第一次一起飛行的組員全體都為了「我」致上心意，是令我最高興的事。

「全體為了某人團結一致，發揮力量」不會是單純的加法，而是「乘法」，將會傳達給對方好幾倍的喜悅。

結語

「細心體貼」指的是在【行為、言語、態度】中展現溫柔

大概有許多人都想成為「細心體貼」的人吧？

想對上司、屬下、客戶、家人、朋友、情人成為「細心體貼」的人。

這絕不是什麼特殊的想法，而是人類與生俱來「想讓別人幸福」的本能驅動我們如此思考。

《謝謝之神》（鑽石社）的作者小林正觀在書中寫道：「世界上只有『人類』擁有被取悅會高興的本能。」

所有動物中，唯有人類是「能有意識地讓人開心的生物」。

我第一次產生想成為「細心體貼的人」的想法，是十八歲的時候。由於我的母親在我五歲時便因病去世，我因此幾乎不記得關於母親的事。

因此，我也詢問過認識母親的人：「媽媽是怎樣的人呢？」十八歲的某一天，阿姨回答了我這個問題。

「我媽媽是怎樣的人呢？」

阿姨聽到後這麼回答：

「萬紀的媽媽是個非常『細心體貼』的人喔。」

「怎樣細心體貼呢？」

「阿姨家搬來萬紀家附近的那天啊，萬紀的媽媽煮了一大鍋關東煮給我們。萬紀的媽媽覺得阿姨家因為搬家手忙腳亂應該沒時間煮飯，所以做了『關東煮』過來。那時候阿姨搬家非常累，又因為天氣冷很想吃熱呼呼的東西，所以非常高興萬紀的媽媽為我們煮關東煮喔。」

阿姨面帶微笑回想當年的事，高興地告訴我這些話。聽阿姨說話時我心想：「媽媽原來是這麼棒的人，可以讓別人開心呢。」內心流過一股暖意，邊聽阿姨說話邊感到開心。

我看著記得好幾十年前的「關東煮」的阿姨心想：**「人類是一種會將別人順手的溫柔永遠記在心中，一直為此高興的生物呢。」**

聽了這個「關東煮」的故事後，我變得也想成為一個「細心體貼的人」，希望能像媽媽一樣讓某人開心。

● 從五百萬名乘客與ANA身上學到的重要的事

不過，即使心裡想著要成為「細心體貼的人」，十八歲的我還是不知道該怎麼做。

因此，我打算先從模仿像媽媽這樣「細心體貼的人」開始。在這層意義上，我在照顧自己十二年的ＡＮＡ裡遇到許多美好的人，真的受益良多。

在ＡＮＡ裡，我身邊有許多「細心體貼」的上司、學長姊、學弟妹與同期同事。而在機上相遇的五百萬名乘客也都是我的老師。我認為對我而言，那是個資源非常豐富的環境。

「不用等我的指示，就能推測下一步行動的學弟妹。」
「幫因為工作出錯而沮喪的我打氣的學長姊。」
「當我失去自信時，溫暖包容、引導我的上司。」
「為了因為機上座位分開而傷腦筋的家長與小孩，願意換座位的乘客。」
「對我這個剛進公司、別著訓練生徽章飛行的菜鳥空服員，給予A評價的乘客。」

閉上眼，當初在飛行中遇到的人身上收下的眾多「溫柔」，彷彿就像昨天的事。

那份「溫柔」，絕不會褪色。

●「細心體貼」指的是在行為、言語、態度中展現溫柔

我在ANA學到，所謂「細心體貼」，是一份為對方著想的心情，是在行為、言語、態度中表現「溫柔」、「關懷」、「貼心」。

本書的責任編輯——飯沼一洋也是一位這樣的人。

飯沼編輯從我的第一本作品《空姐教你100%受歡迎》開始擔任我的責任編輯。

這本書是我人生第一本創作。當時，我從「寫目次」開始，完全不知道如何才能寫一本書。將我從惴惴不安的心情中解放出來的，是飯沼編輯的一句話。

「松澤小姐，有我這個專業編輯陪妳，絕對沒問題！」

這一句「絕對沒問題！」對幾乎要被不安壓垮的我而言，不知道是多大的救贖。飯沼編輯一定注意到對當時的我來說，最需要的話就是「沒問題！」吧。

研習結束後，經常有學員找我商量：「雖然想成為細心體貼的人，卻不知道該怎麼做。」

只要你有一丁點「想讓眼前的人開心」、「想幫助別人」的想法並採取行動的話，從那一刻起，你就開始成為一位「細心體貼的人」了。

我發現，比起下定決心做大事，每天「累積小事」更能溫暖人心。

「用製造活力的笑容待人。」
「以明朗的問候為對方帶來好心情。」
「說些貼心話令對方開心。」
「別人做了讓自己高興的事，下次也幫別人做（馬上採納別人的優點）。」

從這裡開始就可以了。

●只有1%的人可以做到「一秒的行為」

我在「前言」已經提過，**哈佛大學以「什麼能讓人生幸福？」為主題展開史上最長時間的研究，七十五年裡追蹤七百二十四名男性的結果是……**

「唯有良好的人際關係」能讓人生幸福。

「良好的人際關係」或許無法一天達成。然而，意識到「想擁有重視對方的心情」只要「一秒」便已足夠。

當有「想成為細心體貼的人」想法的瞬間，你的「人際關係」和「未來」一定會開始一點一滴地變得更加美好。如同我的人生一般，你的人生也一定會開始改變。

就像我在本書中不斷提到的一樣，只要從「一秒的行為」、「一公分的行為」開始就可以了。不過，實際上做得到的人只有1％。

那麼，接下來就是「做與不做」了。

我在寫這本書時，真心誠意地希望你「細心體貼」的行為、話語、態度能夠創造良好的人際關係、令每一天都充滿溫暖的愛意。我仍不夠成熟，也還有許多需要反省之處，我希望每當這種時候，自己也能回頭看看這本書，將它當作一種

「自我警惕」。

非常感謝你讀到這一頁。

最後，本書能出版，請讓我表達無比謝意。

幫我與鑽石社牽線、已故的「我究館」創始人杉村太郎先生、為本書成書提供莫大幫助的 chloros 公司藤吉豐先生與齋藤充先生、攝影師野口修二先生、化妝師森清華小姐、書法家山田華子小姐、總是聲援我的每位書店店員、曾經與我相遇的五百萬名乘客、永遠以笑容支持我的朋友、對我而言宛如家人般存在的鑽石社行銷部。我特別由衷感激井上直局長，在我意志消沉時也總是像太陽般溫暖地在一旁守候。

還有繼前作之後，用心投入負責本書編輯的鑽石社飯沼一洋編輯，我從他專業的工作表現上學到許多事，謹此以記感謝。

最後的最後，我想對最重要的家人說聲：「謝謝。」

二〇一六年七月 於初夏豔陽照拂中

服務業禮儀講師 松澤萬紀

【引用與參考文獻】

※1
●二〇一一年／加拿大「萊傑市場調查公司（Leger Marketing）」調查結果
●二〇一四年／美國「蓋洛普機構（Gallup International）」與「WIN」共同調查結果。

※2
●引用＆參考自二〇一五年十二月
●www.ted.com【什麼讓人生幸福？史上最長時間的幸福研究】羅伯・威丁格（Robert Waldinger）

※3

● 引用＆參考自二〇一二年六月十八日

● www.dailymail.co.uk「MailOnline」【How to tell a good sole: You really can judge a person by their shoes】By EDDIE WRENN

※4

● 參考二〇一四年八月二十二日

● CNN.co.jp【星巴克兩天內有七百五十人請別人喝咖啡】

※5

● 引用＆參考自《井上廈與一百四十一名夥伴的作文教室》（井上廈／新潮文庫）

※6

● 厚生勞動部／〈職場權力騷擾實況調查〉

※7
● 參考自〈關於第一印象意識的調查與研究〉名古屋經營短期大學／西川三惠子／二〇〇三年

※8
● 參考二〇一三年十月二十五日
www.indianexpress.com「JOURNALISM of COURAGE ARCHIVE」【washing hands can make you optimistic】

※9
● 引用＆參考自《嵐十五週年的告白～LIVE & DOUCUMENT～》（NHK綜合台）

※10
● 參考GLOBIS商學院〈MBA用語集〉

細心體貼的人最受歡迎，而且諸事順遂

——3 大原則、38 個習慣，讓你的人緣、財源與工作運一秒躍升！

作者　松澤萬紀
譯者　洪于琇
特約編輯　小調編集
行銷企畫　許凱鈞
封面設計　葉馥儀
內頁設計　賴姵伶

發行人　王榮文
出版發行　遠流出版事業股份有限公司
地址　臺北市南昌路 2 段 81 號 6 樓
客服電話　02-2392-6899
傳真　02-2392-6658
郵撥　0189456-1
著作權顧問　蕭雄淋律師

2018 年 10 月 30 日　初版一刷
定價　新台幣 300 元（如有缺頁或破損，請寄回更換）

ISBN：978-957-32-8362-1
遠流博識網　http://www.ylib.com
E-mail: ylib@ylib.com

1 BYO DE "KI GA KIKU HITO" GA UMAKU IKU
by Maki Matsuzawa

Original Japanese language edition published by Diamond, Inc.
Traditional Chinese translation rights arranged with Diamond, Inc.
through AMANN CO., LTD.

國家圖書館出版品預行編目 (CIP) 資料

細心體貼的人最受歡迎，而且諸事順遂：3 大原則、38 個習慣，讓你的人緣、財源與工作運一秒躍升！
/ 松澤萬紀著；洪于琇譯 . -- 初版 . -- 臺北市：遠流，2018.10 面；公分
譯自：1 秒で「気がきく人」がうまくいく
ISBN 978-957-32-8362-1(平裝)
1. 人際關係 2. 生活指導
177.2　　107015309

关于作者

布兰迪娜·弗兰克，巴西童书作家。她年过四十后突然萌生为孩子创作图书的愿望，而且一经开始便一发不可收。

何塞·卡洛斯，巴西童书插画家。他曾与巴西许多大型广告公司合作，作品获奖无数。后来发现自己最喜欢的是为童书画插画。五年来，何塞与布兰迪娜已合作创作了超过三十本童书。其中《愤怒的生气包》获得了巴西最重要的文学奖——雅布提奖。此前，他们的作品已经两次入围雅布提奖，并在2012年获得博洛尼亚国际童书展数字奖提名。

导读

当愤怒还是一个小孩子

北京师范大学副教授、文学博士、艺术学博士后

杜　霞

我小时候五六岁时，才从姥姥家回到父母身边。我不想去幼儿园，就把钥匙挂在脖子上，和大院里的孩子一起跑着玩。

每天中午，是难得的幸福时光。吃过午饭后，妈妈会陪我睡一小会儿午觉，还在我的枕头边放上一个五分钱的钢镚儿，让我醒来去买根冰棍吃。

但常常是午睡醒来，我都会大哭一场。

我依然记得那一个个夏日的午后，阳光铺满了小屋，原本拥挤狭仄的家，却显得空空荡荡。我汗津津的小手紧紧地攥着那个五分钱的钢镚儿，心中满是莫名的委屈、失落，还有愤怒……我说不清自己为什么愤怒，明明是说好的呀，妈妈去上班，我醒了自己去买冰棍吃，但我就是很生气很生气，好像被这个世界抛弃了一般。

那时，我用哭声来宣泄我的委屈与愤怒。

而此刻，当我读着这本名为《愤怒的生气包》的图画书时，童年夏日里的这一段记忆又浮现在眼前，我在想：那时的我，是不是心里也藏着那样一个生气包呢？

是的，起初，它只是一个小小的、小小的生气包，就好像一粒红色的种子，根本不应该出现，却莫名其妙地就在那儿了。一开始，它窝在角落里，一直想来想去，一个人生闷气。渐渐地，它开始找别人的麻烦……生气包越变越大，脾气也越来越坏，看什么都不顺眼，即便是一件很小的事，也能让它气鼓鼓的……

我们身体里那一波波涌动的愤怒，不就是这么莫名其妙地出现，然后一点点地滋生、扩大、蔓延的吗？

我想起了另一本图画书《生气的亚瑟》，亚瑟因为妈妈不让自己看电视，便雷霆大怒，甚至把宇宙都震成了碎片……坐在火星废墟上的亚瑟问自己：我为什么这么生气呢？他却怎么也想不起究竟是什么惹得他如此生气。

这就是小孩子的情绪，不可言说又难以捉摸，也常常让大人觉得不可理喻，但哪一个大人，不是从小孩子一点一点长大成人的呢？小小的孩子，是如此的脆弱、无力，当需求被忽视，当愿望受阻，当被束缚被误解被打压，身体里的那个生气包，就有可能一下子膨胀起来。而这种愤怒的情绪，还有可能一直占据着内心，最终长成了一个易怒的人，动辄便如无舵之舟，无衔之马，飘荡奔逸，任意西东……当愤怒的战车一路狂奔，那一刻，大人仿佛又变成了小孩子，任性而又无助，喧嚣而又孤独。

印度哲学家克里希那穆提在谈到如何摆脱恐惧时，这样说："要克服任何事物，必须一再地战胜它。但没有问题最终能被克服、战胜的，它只能被了解，而不是克服。这是两种完全不同的过程，而克服的过程，只会导致进一步的混乱和恐惧。与一个问题抵抗、主宰、争斗或筑墙防卫，只会制造更进一步的冲突。然而，如果我们能了解恐惧，逐步地进入，探究它所有的内容，那么恐惧便无法以任何形式回来——而这也就是我所希望的和我们现在能做的。"

所以，当愤怒还是一个小孩子的时候，如果能够学会接纳它，认识它，体验它，进而疏导它，那一粒小小的红色，就有可能平稳地消融于我们的身心中，与我们和平共处。

故事里，愤怒的生气包最终膨胀爆裂，搞得一片混乱。这似乎不是一个圆满的结局，很奇怪的是，我从这片混乱里感受到一种解脱和宁静——图画书的意义，也许正在于此吧。当我们静静地去感受故事时，我们也得以静静地观照我们的内心，看那一个个小小的念头，是如何生起、鼓胀，又如何回落、消泯。

觉察，本身就是一种力量。